Me amó y se entregó por mí

Título original: *Il m'a aimé et s'est livré pour moi*

© 2000 *by* Parole et Silence

© 2024 de la traducción realizada por Fernando Maristany Pintó
by EDICIONES COR IESU, hhnssc.
Plaza San Andrés, 5.
45002 - Toledo
www.edicionescoriesu.es
info@edicionescoriesu.es

ISBN (papel): 978-84-18467-34-9
ISBN (ebook): 978-84-18467-40-0
Depósito Legal: TO 164-2024

Impreso en España
Imprime: Ulzama Digital. Huarte (Navarra).

SERGE-THOMAS BONINO

Me amó y se entregó por mí

Meditaciones sobre el Redentor en su Pasión

EDICIONES
COR
IESU

PRÓLOGO

Con ocasión del Jubileo del año 2000, publiqué bajo el título *Vivo en la fe del Hijo de Dios. Conversaciones sobre la vida de fe*[1], un pequeño libro que era el fruto de las enseñanzas impartidas con ocasión de un retiro que prediqué a diversas comunidades religiosas, tanto femeninas como masculinas, contemplativas o de vida apostólica. Se trataba de meditar sobre esta actitud fundamental: «vivir en la fe», que es la condición del cristiano ante Dios. La presente obra se presenta como una prolongación de la precedente. El título mismo es la segunda parte del versículo de la epístola de san Pablo a los Gálatas, cuya primera parte servía de título a la obra precedente. Pero el tema es evidentemente muy distinto. Propongo hoy una serie de conversaciones, no ya sobre la dimensión subjetiva del acto de fe, sino sobre un aspecto central de su contenido objetivo: el misterio de la Redención por la Pasión de Jesucristo. El género literario, por el contrario, no ha cambiado, ya que este libro retoma la enseñanza impartida en el marco de un retiro. Conserva el estilo familiar y a veces exhortativo.

No encontraremos aquí un tratado de teología sobre la Redención con las exigencias científicas y sistemáticas que

---

1 Traducido y publicado por Ediciones Cor Iesu en 2023 (Nota del Editor).

esto implicaría, sino, más bien, un conjunto de reflexiones, ciertamente nutridas de la teología, de quién sabemos hoy mejor que es, precisamente en cuanto teólogo, un auténtico maestro espiritual: santo Tomás de Aquino. Estas reflexiones se dirigen principalmente a los consagrados, pero no le será difícil a cualquier cristiano aplicarlas a su propia vida de bautizado, redimido por Cristo.

Hay dos maneras complementarias de formar un buen artista, un buen pintor. La primera consiste en sentarse junto a él para llevarle de la mano acompañando sus primeros trazos. Pero también podemos llevarle al museo y hacerle contemplar algunas obras maestras de la pintura susceptibles de inspirarle en profundidad. Lo mismo sucede con la vida espiritual. Algunos son excelentes acompañando paso a paso los creyentes en su camino de conversión al Evangelio y proponen para ello enseñanzas prácticas muy concretas y sistemáticas. Otros –es mi caso– prefieren desplegar cosas hermosas ante la mirada de sus hermanos y darles a admirar y a gustar «la multiforme sabiduría de Dios, según el designio eterno realizado en Cristo, Señor nuestro» (Ef 3, 10-11). Tengo la convicción de que la contemplación del Misterio[2] en un itinerario de inteligencia de la fe lleva en sí misma una gracia de conversión.

Abadía de Nuestra Señora del Pesquié
Sábado Santo 2013

---

2 Para las citas bíblicas hemos el usado el texto y las abreviaturas de la edición de la CEE. Para las citas de los Salmos, eliminamos al doble referencia e indicamos solamente la numeración bíblica, según al CEE (Nota del Editor).

1. «Mirarán al que traspasaron» (Jn 19, 37)

«Acaecióme que, entrando un día en el oratorio, vi una imagen [...] que se había traído para cierta fiesta. Era de Cristo muy llagado y tan devota que, en mirándola, toda me turbó de verle tal, porque representaba bien lo que pasó por nosotros. Fue tanto lo que sentí de lo mal que había agradecido aquellas llagas que el corazón parece se me partía»[1].

Sin duda la vista exterior de una imagen, por muy bella y expresiva que sea, no ha sido jamás suficiente para provocar por sí misma una conversión interior. Eso se sabría. No causa tal turbación en santa Teresa más que debido a una acción concomitante, totalmente interior, de la gracia, que se apoya en esta visión y la hace portadora de un fruto de conversión. Resulta pues que la evocación de Cristo en su Pasión aparece aquí como el medio privilegiado por el cual pasa la acción de la gracia. Porque la Pasión da a conocer el amor de Cristo, el amor que suponen «aquellas llagas». Es como el sacramento del amor de Cristo, su «signo visible», porque es su más alta expresión.

---

1 Santa Teresa de Jesús, *Libro de la Vida*, cap. 9, 1 en *Obras Completas* (Burgos: Editorial Monte Carmelo, 2004) p. 92-93.

San Pablo enfatiza este vínculo de causalidad entre el amor de Cristo y su Pasión: «Y mi vida de ahora en la carne la vivo en la fe del Hijo de Dios, que me amó y se entregó por mí» (Gál 2, 20). La Pasión, como acto libre y voluntario de Jesús («*se entregó* por mí»), es la manifestación suprema de su amor por cada uno de nosotros («*me amó...* y se entregó por mí»). San Juan, de manera semejante, dirá en el Apocalipsis: «al que nos ama y nos ha librado de nuestros pecados con su sangre» (Ap 1, 5). La Pasión es como la declaración de amor de Jesucristo. La entrega que hace de su propia vida para nuestra salvación, es decir, para nuestra vida, es la consecuencia y, por tanto, el signo de su amor. «Nadie tiene amor más grande que el que da la vida por sus amigos» (Jn 15, 13), dice el evangelio de san Juan, que comienza la narración de la Pasión declarando: «habiendo amado a los suyos que estaban en el mundo, los amó hasta el extremo» (Jn 13, 1).

Este amor de Cristo «hasta el extremo» es en sí mismo el efecto y el signo el inmenso amor del Padre, del misterio del Dios-Amor, cuya obra maestra es la Redención. «Dios, rico en misericordia, por el gran amor (el excesivo amor –*propter* nimiam *caritatem suam*– dice la Vulgata) con que nos amó, estando nosotros muertos por los pecados, nos ha hecho revivir con Cristo» (Ef 2, 4-5). «Porque tanto amó Dios al mundo, que entregó a su Unigénito» (Jn 3, 16).

El amor que se manifiesta en la Pasión es un amor *redentor*, ya que su efecto principal es arrancarnos de la espiral de la muerte para introducirnos en la vida verdadera. «No es bueno que el hombre esté solo» (Gén 2, 18). Tiene necesidad de ayuda. Para vivir una vida plenamente humana, para compartir las alegrías de la existencia y afrontar sus penas, tenemos necesidad de aliados. Para los judíos un pariente tenía una misión de protección cercana y personal de aquellos que llamaríamos «los heridos de la vida». Se llamaba el *goèl*. El *goèl* es, más que el vengador de la sangre, el que no deja caer en el olvido a la persona que ha sido injustamente eliminada de la tierra de los hombres (cf. Núm 35, 19). Semejante a la ley del levirato, buscaba asegurar al desaparecido una cierta presencia constante en el seno del pueblo elegido (cf. Dt 25). Pero el *goèl* tiene también la misión de proteger a los vivos en dificultades. Debe redimir al pariente que se ha tenido que vender como esclavo por una deuda (Lev 25, 48-49). Debe defender los derechos de la viuda, impedir la pérdida de las propiedades familiares en Tierra Santa... Porque tener posesiones en la Tierra Santa es tener parte en la salvación. Así entendemos la santa obstinación de Nabot en conservar su heredad (cf. 1Re 21, 3). Pues bien, Dios, por pura gracia, se ha proclamado a sí mismo como el *goèl* de Israel, su Redentor. La afirmación es constante en el segundo Isaías. Dios se compromete a liberar su pueblo del exilio: «yo mismo te auxilio –oráculo del Señor–, tu libertador (*goèl*) es el Santo de Israel» (Is 41, 14; cf. 43, 14; 44, 6...). Dios es el que salva a Israel, es decir, el que les saca de las situaciones más comprometidas. «Los hijos de Israel están oprimidos, [...] los retienen, y no les permiten marchar. Pero es poderoso su redentor, se llama Señor del universo; tomará la defensa de su causa»

(Jer 50, 33-34). Esta obra de liberación emprendida por el Redentor alcanza no sólo al pueblo como tal, sino a cada miembro del pueblo santo en particular: «has defendido, Señor, mi causa, has rescatado mi vida» (Lam 3, 58). Nosotros también somos cautivos, encadenados por nuestros miedos, paralizados por nuestra falta de fe, atrapados por nuestros pecados y, para colmo, esclavos de Satanás que es el autor del pecado. ¿Quién nos liberará? Jesús por su Pasión.

Si el amor de Dios se revela en su máximo esplendor en el misterio de la Redención, entonces la Pasión –inseparable, por supuesto, de la Resurrección– aparece como el resumen de toda nuestra fe cristiana, tanto de la doctrina cristiana como revelación del verdadero rostro de Dios, como de la práctica de la vida cristiana.

«Toda la ciencia del cristiano está encerrada en la cruz [...]. En efecto, es verdadero que la sabiduría divina no se ha mostrado nunca tan al descubierto para aquellos a los que la fe ha dado ojos que en el misterio de la cruz. Es ahí donde Jesucristo, extendiendo los brazos, nos abre el libro sangrante en el que podemos aprender todo el orden de los consejos de Dios, toda la economía de la salvación de los hombres, la regla fija e invariable para formar nuestros juicios, la dirección segura e infalible para dirigir rectamente nuestras costumbres, en fin, un resumen misterioso de toda la doctrina del Evangelio y de toda la teología cristiana»[2].

---

2   J.-B. Bossuet, *Deuxième sermon pour le Vendredi Saint*, en Œuvres complètes, 2 (Limoges 1862), p. 452.

De una manera muy particular el sacerdote está inmerso en este misterio de la Redención, ya que él no sólo es beneficiario, con todos sus hermanos bautizados, de este misterio, sino además, por gracia y por vocación, es su ministro, «ministro de la Sangre de Cristo», según la fuerte expresión de santa Catalina de Siena. Pero para dispensar dignamente el Misterio hay que empezar por vivirlo personalmente. La celebración de la misa, actualización del misterio de la Cruz ,está, sin duda, en el corazón de su jornada, pero ¿está también en el corazón de su vida? «Considera lo que realizas e imita lo que conmemoras y conforma tu vida con el misterio de la cruz del Señor», le ha encargado la Iglesia el día de su ordenación. Así que atención al síndrome del sacristán hastiado, que, a base de vivir en medio de las cosas santas, acaba tratándolas como el vendedor a sus mercancías.

De hecho la vida del cristiano no se escapa de la segunda ley de la termodinámica, la terrible ley de la entropía: todo sistema aislado tiende naturalmente hacia el desorden, la descomposición, el cero. Sin aporte exterior de energía un sistema se degrada irremediablemente. O, por decirlo de una manera más poética, un fuego que no se cuida procurando poner troncos secos regularmente o atizarlo y soplar declina, vacila y al final se apaga. Una amistad que no se cuida con actos de atención mutua se convierte rápidamente en indiferencia. Para la biología la vida, ¿no es en sí misma una continua victoria sobre la muerte, sobre las agresiones externas y sobre las fuerzas de disgregación internas?

Lo mismo pasa con nuestra vida cristiana. Está llamada a desarrollarse en un ambiente viciado que llamamos el «espíritu del mundo». Este espíritu –¿hay que precisarlo?– penetra en los monasterios más herméticamente cerrados... porque tiene muchas complicidades en el «interior», dentro del corazón del hombre. Este «espíritu del mundo» es el enemigo mortal del «espíritu de fe». El espíritu de fe designa la impregnación por las verdades de la fe de todos los aspectos de nuestra vida: nuestras maneras de hacer y de reaccionar, de pensar y de amar. El espíritu del mundo nos lleva a no razonar más que según la «carne», es decir, el hombre dejado a sí mismo, a sus pequeñas luces y a sus fuerzas naturales, heridas y retorcidas por el pecado. Además, hay que decir que el espíritu del mundo nos hace vivir a ras de suelo. De todos modos, si Dios no existiera –me refiero al Dios vivo y verdadero, no a ese vago ectoplasma que es «Dios» para aquellos para quienes «creer en Dios» es una opción teórica, sin más transcendencia en la vida real que creer en los ovnis–. Respirando a diario a pleno pulmón este espíritu del mundo, sobre todo en una sociedad radicalmente secularizada que no ofrece ningún punto de apoyo social al espíritu de fe, el cristiano está en riesgo de dejarse ofuscar por lo que san Lucas llama los «afanes de la vida» (Lc 8, 14). Estos afanes que sofocan el grano bueno y le impiden alcanzar la madurez. Andamos «inquietos y preocupados» (Lc 10, 41) por muchas cosas que en ese momento nos parecen absolutamente vitales. Nos apasionamos por nimiedades o nos detenemos en detalles ridículos. Nos volvemos ultrasensibles a los pequeños problemas de salud: «uno se siente...». Podemos también, con los mejores pretextos del mundo, reconcentrarnos en la actividad, y el trabajo se convierte en una droga, porque queremos probarnos que existimos produciendo mucho. Incluso existe una palabra para esto: el workaholismo o trabajoadicción, dependencia del trabajo, como el alcoholismo es dependencia de la botella. Nos dejamos obsesionar por lo que los demás puedan pensar de nosotros, por la imagen que se hagan de nosotros... En resumen, vivimos cada vez más en la superficie de nosotros mismos y cada vez menos en lo escondido bajo la mirada del Padre (cf. Mt 6, 6). Al final, nos levantamos un buen día con la penosa sensación de que el mundo sobrenatural –Dios, Cristo...– es muy lejano, casi virtual... Sin embargo, Jesús nos ha advertido claramente de esto y nos prescribe el remedio: «Velad y orad para no caer en la tentación» (Mt 26, 41), es decir, mantened un espíritu de fe viva, «tengo siempre presente al Señor» (Sal 16, 8), de lo contrario, si dejáis ahondarse la distancia entre vosotros y yo, como lo hizo Pedro en la noche del Jueves Santo, cuando no me seguía más que «de lejos» (Lc 22, 54), estaréis totalmente desarmados y vulnerables cuando llegue la tentación.

Por lo tanto, es vital avivar regularmente la llama, avivar la intención sobrenatural que debe informar toda nuestra acción, y recobrar así el gusto y el impulso de nuestra vocación cristiana. «No os amoldéis a este mundo, sino transformaos por la renovación de la mente para que sepáis discernir cuál es la voluntad de Dios, qué es lo bueno, lo que le agrada, lo perfecto» (Rom 12, 2).

Para lograr esto, nada más urgente que «mirar al que traspasaron» (Jn 19, 37). Mirarlo con los ojos del corazón, iluminados por la gracia, con el fin de ser más conscientes del amor con que somos amados. Con el fin sobre todo de dejarnos transformar por esta mirada. Porque la Pasión no es un espectáculo para ser contemplado desde lejos, como apartados, detrás de unos cristales ahumados o blindados. No se puede contemplar verdaderamente la Pasión sin ser atrapado por ella y atraído a meterse personalmente en el misterio del amor que se entrega. La contemplación de Cristo crucificado nos lleva irremediablemente a hacer de nuestra vida lo que debe ser: una ofrenda viva de amor en alabanza al Padre. «En esto hemos conocido el amor: en que él dio su vida por nosotros. También nosotros debemos dar nuestra vida por los hermanos» (1Jn 3, 16). La declaración de amor es también una urgente invitación al amor: «vivid en el amor como Cristo os amó y se entregó por nosotros a Dios como oblación y víctima de suave olor» (Ef 5, 2). Es lo que comprendió bien santa Isabel de la Trinidad:

> «Una carmelita, amiga mía, es un alma que ha *mirado al crucificado*, que le ha visto ofrecerse como Víctima a su Padre por las almas, y, ensimismándose en esta gran visión de la caridad de Cristo, ha comprendido la Pasión de amor de su alma y ha querido ofrecerse como Él...»[3].

---

3 Sor Isabel de la Trinidad, *Carta 133 a Germaine de Gemeau*, en Obras Completas (Burgos: Editorial Monte Carmelo,

Contemplando así la Pasión no hacemos otra cosa que seguir con nuestros pasos los que han dado los santos, porque la Pasión de Cristo es desde siempre –desde San Pablo o san Ignacio de Antioquía– el medio privilegiado por el cual los cristianos avivan su certeza de ser amados por Dios y aprenden a modelar su vida a imagen de Jesucristo. San Pablo de la Cruz, que recibió una gracia muy particular de inteligencia de la Pasión, no cesaba de invitar a sus interlocutores a tener presente en el espíritu y a meditar la Pasión del Señor.

> «Es algo excelente y muy santo pensar en la santa Pasión del Señor, rezar sobre ella. Es el modo de llegar a la unión con Dios. [...] Es la santa escuela en la que aprendemos la verdadera sabiduría; es ahí donde los santos la han aprendido»[4].

Sin embargo, la devoción a la Pasión se desarrolla de manera más sistemática en la Edad Media. Nace de la mayor atención que los cristianos de esta época dan a la humanidad concreta de Jesús y a su imitación. La Pasión se convierte para ellos en maestra de vida. En un sermón sobre el Cantar de los Cantares San Bernardo comenta el versículo: «Bolsita de mirra es mi amado para mí: entre mis pechos descansa» (Cant 1, 13). La mirra, planta amarga, es el símbolo de los sufrimientos de Jesucristo en su Pasión, misterio profetizado cuando los Magos ofrecen la mirra al Niño (Mt 2,

---

2004), pp. 476-477.
4 SAN PABLO DE LA CRUZ, *Carta del 3 de enero de 1729 a Mariana della Scalla del Pozzo*, en *Lettere*, t. I, Roma, 1924, p. 43.

11), y realizado cuando Nicodemo lleva una mezcla de mirra y áloe para el entierro de Jesús (Jn 19, 39). Según San Bernardo, los senos de la amada representan uno, las alegrías, otro los sufrimientos de esta vida. Así que la amada exhorta, a través de las alegrías y las penas, a guardar siempre presente en nuestro corazón el recuerdo de la Pasión. Es este recuerdo el que permite al alma conservar un bello equilibrio interior, sin ceder ni a la exaltación ni al desánimo.

«La esposa, como ha de vivir en la prosperidad y en la adversidad, sabe que nunca le faltarán peligros y quiere tener así a su amado entre sus pechos. Su continua protección le mantendrá firme en ambas situaciones y no se engreirá por sus alegrías, ni se dejará abatir en sus tristezas. Si eres sensato imitarás la prudencia de la esposa y no consentirás que te arranquen jamás de tu pecho esa querida bolsita de mirra, reteniendo siempre en tu memoria y acariciando en su asidua meditación todos los dolores que por ti padeció [...]. Yo también, hermanos, cuando me convertí me di cuenta de que me faltaban toda clase de méritos. En su lugar traté de hacerme con esa bolsita para colocarla entre mis pechos, introduciendo en ella todas las ansiedades y amarguras de mi Señor [...]. Me levantan el ánimo en la adversidad, me frenan en la prosperidad; entre las alegrías y tristezas de la vida presente me llevan por el camino regio [...]. Por esto lo tengo siempre en la boca, como sabéis; lo llevo siempre en el corazón, como Dios es testigo; salta a mi pluma con frecuencia, como se puede constatar. Esta es mi filosofía más sutil y más profunda: conocer a Jesús, y a éste crucificado (1Cor 2, 2)» [5].

Santo Tomás se cuenta en este vasto movimiento de atención renovada a la Pasión. Trabaja por darle toda su profundidad doctrinal. Y cómo no evocar aquí el gran fresco de la crucifixión pintado por Fra Angélico en el convento de San Marcos de Florencia: una veintena de santos están representados al pie de la Cruz. Santo Tomás de Aquino está de pie en la esquina derecha. Con un libro en la mano, dirige hacia el Crucificado una mirada tan profunda como intensa, cargada de una contemplación amorosa y llena de sabiduría. Uno de los frutos de esta contemplación es el sermón que predicó sobre la Pasión cuando comentó el Símbolo de los apóstoles (seguramente en Nápoles durante la Cuaresma de 1273). El esquema de su sermón es iluminador.

«¿Qué necesidad hubo de que la Palabra de Dios pereciera por nosotros? Grande; se puede hablar de una doble necesidad. Primero, para *remedio contra los pecados*; segundo, como *ejemplo para nuestra conducta*» [6].

La Pasión es a la vez la operación quirúrgica que elimina el mal (operación que no depende de nosotros) y el régimen posoperatorio necesario para el pleno restablecimiento de la salud (régimen que implica nuestra

5   SAN BERNARDO, Sermones sobre el *Cantar de los Cantares*, sermón 43, 2-4.
6   SANTO TOMÁS DE AQUINO, *In Symbolum Apostolorum expositio*, a. 4.

colaboración). Por un lado, la Pasión nos libra gratuitamente del pecado y de la muerte (misterio de la redención objetiva operado por Jesucristo) y, por otro lado, nos obtiene un modelo para vivir «redimidos». «Cristo padeció por vosotros dejándoos un ejemplo para que sigáis sus huellas» (1Pe 2,21). Santo Tomás lo explicita:

> «Como dice San Agustín, la Pasión de Cristo es suficiente para modelar por completo nuestra vida. Quienquiera vivir perfectamente no tiene que hacer más que despreciar lo que Cristo despreció en la Cruz y desear lo que Él deseó. En la Cruz no falta ningún ejemplo de virtud»[7].

Y santo Tomás empieza a desplegar delante de su auditorio las grandes actitudes espirituales de Jesús en la Cruz: caridad, paciencia, humildad, obediencia, desprecio del mundo. Procede de la misma manera en un bello pasaje de su *Comentario a la epístola a los hebreos*. El autor de la epístola anima a los cristianos perseguidos a perseverar. Para eso nada mejor que la meditación de la Pasión. Así que les invita a «fijos los ojos en el que inició y completa nuestra fe, Jesús, quien, en lugar del gozo inmediato, soportó la cruz, despreciando la ignominia, y ahora está sentado a la derecha del trono de Dios. Recordad al que soportó tal oposición de los pecadores, y no os canséis ni perdáis el ánimo» (Heb 12, 2-3). Y el Aquinate comenta: «El autor invita a considerar atentamente el ejemplo de Jesús [...]. Dice "fijando los ojos...", pero no sólo,

---

7 *Íbid*, p. 51.

también dice "recordad (*recogitate*)", es decir, pensad nuevamente. "Cuenta con él cuando actúes" (Prov 3, 6)». Entonces se entrega a un rápido desarrollo espiritual que nace de evocar las meditaciones sobre las palabras de Jesús en la cruz:

> «En cualquier tribulación se halla el remedio en la Cruz: que allí se obedece a Dios: "se humilló a sí mismo, hecho obediente hasta la muerte" (Flp 2, 8); allí para con los padres la piedad desborda su afecto –como lo demuestra cuidando de su Madre–; allí para con el prójimo se ejercita la caridad –de ahí que ruegue por sus verdugos: "Padre, perdónalos porque no saben lo que hacen" (Lc 23, 34); "vivid en el amor como Cristo os amó y se entregó por nosotros" (Ef 5, 2)–; allí fue en la adversidad la paciencia de verdad: "Guardé silencio resignado, enmudecí sin provecho; pero mi herida empeoró" (Sal 39, 3); "como cordero llevado al matadero, como oveja ante el esquilador, enmudecía y no abría la boca" (Is 53, 7), y en todo finalmente la perseverancia hasta el final; de ahí que haya perseverado hasta la muerte: "Padre, a tus manos encomiendo mi espíritu" (Lc 23, 46). De donde se halla en la cruz ejemplo a toda virtud. Comenta san Agustín: "La cruz no sólo fue el patíbulo del torturado, sino también la cátedra del doctor"»[8].

Efectivamente, en el *Sermón 234*, san Agustín declara: «Esta Cruz fue una escuela. Ahí el Maestro enseña al ladrón. El madero del que está colgado se convierte

---

8 SANTO TOMÁS DE AQUINO, *Super Epistolam ad Hebraeos lectura*, c. 12, lect. 1.

en la cátedra de quien enseña»[9]. La contemplación y la subsiguiente imitación de Jesucristo en su Pasión son para cada uno de nosotros el camino real hacia la santidad cristiana.

---

9   En *PL* 38, col. 1116.

2. Del caos a la nueva creación

Era de madrugada cuando Jesús resucitado se manifiesta a las santas mujeres. «Y muy temprano, el primer día de la semana, al salir el sol, fueron al sepulcro» (Mc 16, 2). El sol que ilumina este mundo, pero con más razón es Cristo, «Sol de justicia» (Mal 3, 20), «luz verdadera, que alumbra a todo hombre» (Jn 1, 9). También es de madrugada cuando el Resucitado se da a conocer a los discípulos junto al lago de Tiberíades: «Estaba ya amaneciendo, cuando Jesús se presentó en la orilla» (Jn 21, 4). La resurrección es un amanecer, la aurora en que Jesús es el Sol naciente, la Estrella de lo alto, *Oriens ex alto* (Lc 1, 78). Es la aurora de un día nuevo. Este día es el famoso «tercer día» que los profetas habían anunciado como el día de la reconciliación definitiva entre Dios y los suyos. «Vamos, volvamos al Señor. Porque él ha desgarrado y él nos curará. Él nos ha golpeado y él nos vendará. En dos días nos volverá a la vida y al tercero nos hará resurgir; viviremos en su presencia» (Os 6, 1-2).

La luz que ilumina este día nuevo evoca a la luz que nace el primer día de la creación: *Fiat lux* (Gn 1, 3). Y, de hecho, la resurrección de Jesús inaugura los últimos tiempos, los tiempos escatológicos, que se presentan como la creación nueva, anunciada por los profetas: «Mirad: voy a crear un nuevo cielo y una nueva tierra» (Is 65, 17). Una nueva tierra en la que vive el hombre de la «nueva condición humana creada a imagen de Dios» (Ef 4, 24), un hombre con un «corazón nuevo» (Ez 36, 26) y que canta a Dios un «cántico nuevo» (Is 42, 10; Ap 14, 3).

Entre la primera creación, al principio, y la nueva creación inaugurada por Jesús se da la vez ruptura y continuidad. De la misma manera que hay ruptura y continuidad entre el Jesús pre-pascual y el Jesús post-pascual. Es la misma Persona pero no se le reconoce a la primera porque su estado ha cambiado. Igualmente, para la creación hay una pascua, es decir, una muerte y una resurrección.

Ruptura y muerte porque el mundo, tal como lo experimentamos hoy, es ciertamente el mundo que salió muy bueno de las manos de Dios al principio, pero desfigurado, deformado, por el pecado del hombre. Ahora la creación está «sometida a la frustración» (Rom 8, 20), o sea, que es utilizada por el hombre pecador a contra natura, en desprecio del buen sentido. En lugar de ofrecer el mundo como una alabanza Dios, conforme a su vocación sacerdotal, el hombre le ha dado la vuelta y se lo ha apropiado para su uso particular. Pero esta deformación no puede entrar en la creación nueva: se queda a la puerta, como el famoso camello delante del ojo de la aguja. «Y vi un cielo nuevo y una tierra nueva, pues el primer cielo y la primera tierra desaparecieron, y el mar ya no existe» (Ap 21, 1). Para los judíos, que no son un pueblo muy marinero, el mar es el lugar de todos los peligros. Es como un resto del caos primitivo, infestado de monstruos terribles y la guarida final de las fuerzas del mal. Malas noticias para marineros y navegantes: ¡«y el mar ya no existe»! «Y ya no habrá muerte, ni duelo, ni llanto ni dolor, porque lo primero ha desaparecido» (Ap 21, 4). «No harán daño ni estrago por todo mi monte santo» (Is 65, 25).

Continuidad y resurrección, porque –contra todo gnosticismo– el Salvador no es otro que el Creador que retoma su obra desde la raíz. La nueva creación asume y retoma todo lo que hay de bueno en la primera creación. Lo transfigura y lo lleva a su plenitud. En la antigua Alianza cada año, en la fiesta del Yom Kippur, el sumo sacerdote realizaba la purificación de los pecados. El objetivo era poner el contador a cero, devolver al pueblo y al universo entero a su vocación sacerdotal primera: la alabanza de Dios. Pero esta purificación debía renovarse continuamente. La purificación realizada por la ofrenda de Cristo libera de la frustración de una vez para siempre a la creación y le devuelve su vocación original:

> «La creación, expectante, está aguardando la manifestación de los hijos de Dios; en efecto, la creación fue sometida a la frustración, no por su voluntad, sino por aquel que la sometió, con la esperanza de que la creación misma sería liberada de la esclavitud de la corrupción, para entrar en la gloriosa libertad de los hijos de Dios. Porque sabemos que hasta hoy toda la creación está gimiendo y sufre dolores de parto» (Rom 8, 19-22).

La gran diferencia entre la primera creación y la nueva creación, que empieza por la justificación del pecador, viene del papel que el hombre juega en ella. En efecto, «Aquel que te creó sin ti, no te salvará sin ti, [...] pero es Él quien te salva»[1]. Dios está solo en la obra de la primera creación: «Yo soy el Señor, que hace todas las cosas. Despliego los cielos *por mí mismo*, pongo los fundamentos de la tierra, ¿y *quién me ayuda*?» (Is 44, 24). Pero una vez creado el hombre coopera, como imagen de Dios, en el gobierno de la creación, es decir, en la acción divina que conduce todas las cosas a su plenitud. También, en la re-creación del mundo, Dios se asocia al hombre en la persona de Jesucristo, el Nuevo Adán. Por Él, con Él y en Él, todos los hombres están llamados a cooperar en la nueva creación.

La idea de que en la recreación del mundo, a diferencia de su creación, intervenga un «mediador», un hombre justo, un «Germen» (Zac 3, 8), que asegura la transición entre el antiguo mundo y el nuevo, se encuentra desde el relato del diluvio (Gen 6). Mediante el diluvio Dios se compromete a borrar la primera creación por la perversidad creciente de los hombres, de cuyo corazón «todos los pensamientos tienden siempre y únicamente al mal» (Gen 6, 5). Cancela la obra inicial, cuando Él separó la masa de las aguas del continente (Gen 1, 9), cuando, en su sabiduría, fijó a las aguas informes un límite que no debían traspasar (cf. Jer 5, 22). Con el diluvio todo retorna hacia la indistinción primitiva, el *tohu-bohu*, el caos. «Pero Noé obtuvo el favor del Señor» (Gen 6, 8) porque era «el único justo

---

1 San Agustín, *Sermon 169*, c. 11 (PL 38, col. 923).

que he encontrado en tu generación» (Gen 7, 1). Por la madera del arca Noé asegura la continuidad entre la antigua creación y la «primera» nueva creación. Al final, cuando las aguas se retiran, Dios reafirma su «sí» a la creación. Renueva la bendición sobre su obra, que surge regenerada de las aguas del diluvio. En esto Noé es una figura eminente de Jesucristo.

Destrucción y después recreación a partir de un pequeño resto; muerte y después resurrección. Esta es la ley fundamental que marca el ritmo de toda la economía de la salvación. Pero los profetas anunciaron que esta ley alcanzaría su plenitud el «Día del Señor», el grande, el definitivo, es decir, aquel día en que el Señor visitará la tierra para establecer definitivamente su Reino de justicia y de paz. Será a la vez un día de cólera y un día de salvación.

Un día de cólera. En ese día, la creación entera será destrozada y, como en el diluvio, volverá al caos inicial del que Dios la había sacado. *Dies irae, dies illa. Solvet saeculum in favilla.* Será un gran día de cólera, «día de oscuridad y negrura, día de niebla y oscuridad» (Jl 2, 2).

«El Día del Señor llega, implacable, la cólera y el ardor de su ira, para convertir el país en un desierto y extirpar a los pecadores. Las estrellas del cielo y las constelaciones no irradian su luz. El sol desde la aurora se oscurece, la luna no ilumina. Pediré cuentas al mundo de su maldad y a los malvados de su culpa; acabaré con la insolencia de los soberbios y humillaré la arrogancia de los tiranos. Haré a los hombres más escasos que el oro fino, a los humanos más raros que el oro de Ofir. Haré temblar los cielos y moverse la tierra de su sitio, por el furor del Señor del universo, el día del incendio de su ira» (Is 13, 9-13).

El propio Jesús presenta este mismo panorama en su gran discurso escatológico: «En aquellos días, después de esa gran angustia, el sol se oscurecerá, la luna no dará su resplandor, las estrellas caerán del cielo, los astros se tambalearán» (Mc 13, 24-25).

¿Cuándo? ¿En qué momento? Al final de este mundo, sin duda, en el momento de la gran y definitiva Pascua del Universo, cuando «los cielos desaparecerán estrepitosamente, los elementos se disolverán abrasados y la tierra con cuantas obras hay en ella quedará al descubierto» (2Pe 3,10), y el Hijo del Hombre vendrá en su gloria para renovar y transfigurar el cosmos por su Presencia. Pero el Evangelio, la Buena Noticia, consiste justamente en el anuncio de que los «últimos tiempos» ya están aquí. «En verdad os digo –afirma Jesús a sus discípulos– que no pasará esta generación sin que todo suceda» (Mc 13, 30). Es en el propio tiempo de Jesús que se cumple la gran Pascua.

De hecho, el fin del mundo tuvo lugar aquel Viernes. En ese día, por culpa de la malicia de los hombres llevada a su paroxismo por el rechazo y la ejecución del «Autor de la vida» (Hch 3, 15), el mundo volvió al caos. Ese Viernes, «al llegar la hora sexta *toda la región* quedó en tinieblas hasta la hora nona» (Mc 15, 33). Ese Viernes, la creación tembló sobre sus cimientos: «la tierra tembló –dice san Mateo–, las rocas se resquebrajaron» (Mt 27,

51). En la mentalidad de los hombres de la Biblia existe una estrecha solidaridad entre Dios, el cosmos y la humanidad. La armonía entre el hombre y Dios se traduce por la armonía entre el hombre y el cosmos y, a la inversa, el pecado del hombre, resquebrajando la relación del hombre con Dios, revuelve en profundidad la relación del hombre con el cosmos hasta el punto de perturbar al orden cósmico en sí mismo. En el Salmo 82 (81), 5, la injusticia de los jueces inicuos repercute sobre la estabilidad del cosmos: «Ellos, ignorantes e insensatos, caminan a oscuras, mientras vacilan los cimientos del orbe». Sí, ese Viernes es «la hora del poder de las tinieblas» (Lc 22, 53), la hora de la epifanía negra del pecado, de la «des-creación». El cosmos re-fluye hacia la confusión original de la que Dios lo había sacado para hacer una tierra habitable (cf. Is 45, 18), hacia el *tohu-bohu* de los orígenes, cuando las tinieblas, esas tinieblas que Dios había disipado por el don de su Luz, cubrían aún la superficie del abismo (Gén 1, 2), igual que la cubrieron de nuevo en Egipto en el tiempo de Moisés para manifestar y denunciar la proliferación del pecado: «una densa oscuridad cubrió la tierra de Egipto durante tres días» (Ex 10, 22). Es la hora en que Dios, en su cólera, retira su mano y permite al pecado desplegar y exhibir sin pudor su pavorosa capacidad de deshacer lo que Dios había hecho. Sin embargo, dentro de estas tinieblas persiste un germen de luz, primicia de la creación nueva: la luz que brilla en el Corazón de Jesús en la Cruz. «Yo dormía, pero mi corazón velaba» (Cant 5, 2).

3. «Todo lo hiciste con sabiduría»
(Sal 104 [103], 24)

La primera creación fue una obra de inmensa sabiduría. Cuando Dios creó el cielo y la tierra, la Sabiduría en persona «estaba junto a él, como arquitecto, y día tras día lo alegraba, todo el tiempo jugaba en su presencia [...] y sus delicias están con los hijos de los hombres» (Prov 8, 30-31). Además, preguntando como conviene a la creación el hombre puede elevarse hasta reconocer en ella la presencia de una Sabiduría personal que la gobierna y que no es otra que el *Logos* divino, el Verbo, el Hijo eterno del Padre. Desgraciadamente, «el mundo no conoció a Dios por el camino de la sabiduría» (1Cor 1, 21; cf. Rom 1). El hombre se ha vuelto sordo al mensaje de la creación. Ya no percibe que «el cielo proclama la gloria de Dios» (Sal 19, 2). Y así plugo a Dios salvar al mundo por la «locura» de la Cruz, es decir, tomar otro camino, increíble, para darse a conocer a los hombres. «Locura» no por falta de sabiduría sino por exceso. «Locura» porque «la multiforme sabiduría de Dios, según el designio eterno realizado en Cristo, Señor nuestro» (Ef 3, 10-11), y que pivota en torno a la Cruz, le da mil vueltas a nuestros pequeños esquemas. «Mis planes no son vuestros planes, vuestros caminos no son mis caminos –oráculo del Señor–» (Is 55, 8), como Jesús le recuerda a Pedro que se rebela ante la perspectiva de la Pasión: «¡Ponte detrás de mí, Satanás! Eres para mí piedra de tropiezo, porque tú piensas como los hombres, no como Dios» (Mt 16, 23). Seguro que la Cruz no es precisamente el medio que nosotros habríamos elegido si Dios nos hubiera consultado sobre el camino más apropiado para salvar el mundo, lo cual, gracias a Dios, ¡se ha cuidado mucho de hacer! De la misma manera que las maniobras iniciadas por un fino estratega parecen, al principio, una locura a los generales de sala, antes de revelar en su momento su genialidad.

De hecho, la sabiduría eminente que se despliega en el misterio de la Cruz no tiene nada de evidente. No salta a los ojos. Se esconde sobre apariencias contrarias de locura y de sinsentido. Para aquellos que, como los discípulos, la han vivido en directo, la Pasión fue una verdadera pesadilla, un absurdo, el hundimiento de todo lo que hacía de su esperanza algo nuevo. Una ducha de agua fría. «Nosotros esperábamos que él iba a liberar a Israel» (Lc 24, 21). Pero hoy nosotros tenemos la gracia de contemplar la Pasión con los ojos de la fe, iluminados interiormente por el Espíritu de Jesús que nos introduce en la verdad profunda de estos acontecimientos. Estamos en la adecuada longitud de onda para captar el mensaje de la Cruz y vibrar con su belleza escondida.

Nosotros contemplamos la Pasión dentro de la luz viva de la resurrección de Jesús. Además, la

Resurrección modifica radicalmente nuestra mirada sobre la Cruz. Así fue la experiencia, literalmente tumbativa, de Saulo en el camino de Damasco (cf. Hch 9). Para él el Nazareno, el Crucificado, es un maldito. Su condena a muerte supone una ruptura máximamente radical con la sociedad y, cuando esta sociedad es regida por la Torah, la Ley misma de Dios, es equivalente a una ruptura con Dios mismo. «Maldito todo el que cuelga de un madero» (Gál 3, 13: cf. Dt 21, 23). «Nosotros lo estimamos leproso, herido de Dios y humillado» (Is 53, 4). Sin embargo, en este Crucificado, Jesús de Nazaret, Saulo descubre, de repente, no sólo que está vivo, sino que además esta ensalzado junto a Dios. Luego el Crucificado no es ni un maldito (como pensaban los judíos), ni un fracasado (como lo juzgaban los griegos): es aquel en quien y por quien se cumple el designio de Dios. Es aquel que instaura en su propia persona el Reino de Dios. Así, bajo el caos de los acontecimientos, Saulo entrevé el plan salvífico de Dios, lo que él llama «misterio», en el cual la Cruz es el centro: «¡Qué abismo de riqueza, de sabiduría y de conocimiento el de Dios!» (Rom 11, 33).

Así pues, la Cruz lo es todo menos un tropiezo en el camino. Está en el corazón de esta obra de sabiduría que es la re-creación del hombre a través de la Redención. Ya que, «Dios que creó maravillosamente al hombre, aún más maravillosamente ha restablecido su dignidad (*Deus qui humanae substatiae dignitatem mirabiliter condidisti et mirabilius reformasti*)» (Colecta de la Misa del día de Navidad, inspirada en san León

Magno). Lo propio del sabio es percibir el orden en el aparente desorden, el sentido en lo que parece confuso y absurdo, la unidad en lo que parece fragmentado, la necesidad en lo que podríamos considerar como un puro azar. El sabio es aquel que, en el orden teórico, unifica el conjunto de un hecho complejo alrededor de un principio único o de una idea directriz que ilumina todo el resto. El sabio es aquel que, en el orden práctico, unifica todos sus pasos en función de un solo objetivo. No se dispersa, sino que organiza perfectamente su actividad y pone sistemáticamente por obra los medios en vista del fin buscado. El insensato actúa a trompicones, según sus impulsos y llamadas exteriores; el sabio actúa en función de un plan.

Dios es sabio. Es la misma Sabiduría. El Creador no se contenta con asegurar el servicio posventa manteniendo en condiciones, más o menos, día a día, según las circunstancias, una creación que estaba acabada el séptimo día. No, Dios tiene por nosotros un «gran designio» (como se decía antiguamente en política): se propone hacernos entrar en su reposo (cf. Hb 4), comunicarnos su propia alegría. Quiere introducirnos en la misma vida de la Santísima Trinidad. Pero a causa de nuestro pecado, a causa del rechazo que en Adán opusimos a su invitación, este designio de divinización toma la forma concreta de una salvación, de una redención. Para atraernos a él Dios debe neutralizar las fuerzas centrífugas generadas por el pecado. Tiene que arrancarnos de nuestra propia resistencia. Este proyecto, madurado en la eternidad -se llama entonces

Providencia-, Dios lo realiza progresivamente en el tiempo. Semejante al artista, empieza por concebir en sí mismo la idea creadora antes de encarnarla poco a poco, toque tras toque, en la materia que trabaja.

Así, las intervenciones de Dios en la historia de cara a nuestra salvación no son ideas súbitas ni acciones «por puños». Tienen un fin y un sentido, se encadenan lógicamente las unas con las otras. Dios no interviene golpe a golpe: actúa con total premeditación. Su acción se inscribe en un plan, una «economía», en la cual se manifiesta en su máximo esplendor su Sabiduría.

Más aún, Dios es buen pedagogo. Explica lo que hace. Revela progresivamente su plan. Por la enseñanza de los profetas –porque «nada hace el Señor Dios sin haber revelado su designio a sus servidores los profetas» (Am 3, 7)–, prepara los entendimientos y los corazones a acoger su acción y, sobre todo, a cooperar con ella. En efecto, tengo necesidad de saber para actuar. Tengo necesidad de comprender, aunque sea sólo un poco, la intención de Dios para cooperar de forma personal a un proyecto que me sobrepasa. Al revelarme sus designios, Dios hace de mi su amigo y cooperador de su obra. «Ya no os llamo siervos, porque el siervo no sabe lo que hace su señor: a vosotros os llamo amigos, porque todo lo que he oído a mi Padre os lo he dado a conocer» (Jn 15,15).

El misterio de nuestra salvación, tal y como se realiza en la Pascua de Jesucristo, no es pues que haya llegado de improvisto. Dios había preparado el terreno. El día de Pascua por la tarde Jesús resucitado camina anónimo con dos discípulos hacia Emaús. «¡Qué necios y torpes sois para creer lo que dijeron los profetas! ¿No era necesario que el Mesías padeciera esto y entrara así en su gloria?» (Lc 24, 25-26). El maestro les explica entonces por su enseñanza exterior que todo lo que le acaba de pasar, y que es tan desconcertante, estaba ya misteriosamente anunciado en la escritura: «comenzando por Moisés y siguiendo por todos los profetas les explicó lo que se refería a él en todas las Escrituras» (Lc 24, 27). Sobre todo les comunica en el interior el Espíritu que hace arder los corazones y «abre el entendimiento para comprender las Escrituras» (Lc 24, 45).

Desde el inicio no existe más que un solo y único misterio, antes anunciado en figura en las escrituras, ahora realizado realmente en el Verbo Encarnado. Melitón de Sardes, en una homilía célebre, puede por tanto proclamar que «el misterio de la Pascua es antiguo y nuevo, temporal y eterno [...]. Sí, la Ley es antigua pero el Verbo es nuevo; la figura es temporal pero la gracia es eterna»[1].

Por tanto es lógico que Jesús (y los evangelistas con Él) se refieran constantemente a las Escrituras para explicar el sentido de su misión. Jesús sabe que las Escrituras contienen el designio del Padre que Él debe realizar en su propia persona. He aquí por qué para Él, hacer la voluntad del Padre consiste concretamente en

---

1 MELITON DE SARDES, *Homilía sobre la Pascua*; SC 123, p. 60; Oficio de lectura del lunes de Pascua.

cumplir hasta el fin las Escrituras. Las Escrituras seña-lan el camino concreto de su «sí» constante al Padre. Sin embargo, escondido en el corazón de las Escrituras, apunta el misterio de un Mesías crucificado: «El Hijo del hombre tiene que padecer mucho, ser desechado por los ancianos, sumos sacerdotes y escribas, ser eje-cutado y resucitar al tercer día» (Lc 9, 22). Esto es por lo que Jesús consiente radicalmente a la Pasión. Tras el arresto en Getsemaní, se opone a toda resistencia por parte de sus discípulos: «¿Piensas tú que no puedo acu-dir a mi Padre? Él me mandaría enseguida más de doce legiones de ángeles. ¿Cómo se cumplirían entonces las Escrituras que dicen que esto tiene que pasar?» (Mt 26, 53-54). En la Cruz, según San Juan, «para que se cum-pliera la Escritura, dijo: "Tengo sed"» (Jn 19, 28), de manera que su última palabra antes de entregar el espí-ritu es: «todo está cumplido» (Jn 19, 30).

De esta manera, no puede sorprendernos que los re-latos de la Pasión estén sembrados de expresiones que hacen explícitas referencia al cumplimiento de las Es-crituras, como, por ejemplo, después del arresto, «todo esto ha sucedido para que se cumplieran las Escrituras de los profetas» (Mt 26, 56) o, en el momento del repar-to de las ropas, «así se cumplió la Escritura» (Jn 19, 24). Sí, verdaderamente «Cristo murió por nuestros peca-dos según las Escrituras» (1Cor 15, 3). Quede claro que no se trata de una necesidad implacable, de un desti-no inscrito en los astros. Jesús acepta con total libertad llevar a término por su Pasión el proyecto del Padre manifestado en las Escrituras y el Padre, conociendo desde toda la eternidad que el Hijo encarnado acepta a su tiempo llevarlo a término, lo anuncia por adelantado a través de los profetas.

Una meditación cristiana de la Pasión no puede, por tanto, hacer abstracción de los vínculos íntimos que unen el Antiguo y el Nuevo Testamento. El Nuevo Testamento ilumina el Antiguo Testamento y el Antiguo Testamento da al Nuevo toda su profundidad. Por decirlo en palabras de San Agustín: «el Nuevo Testamento está escondido en el Antiguo y el Antiguo es revelado en el Nuevo»[2].

Consideremos estos dos aspectos. «El Antiguo Testamento es revelado en el Nuevo». La Cruz es la clave que posibilita el entendimiento de la Escritura y la que revela su sentido auténtico. Para quien contempla una partida de ajedrez los movimientos del jugador son a veces muy enigmáticos, es decir, desconcertantes. Pero cuando su adversario recibe jaque mate, entonces el «clic» se produce. Captamos «retrospectivamente» el sentido de las jugadas y no es posible contener la admiración: «¡Ha sido genial!». Todo se esclarece, todo toma sentido una vez el objetivo se alcanza. El cristiano que, a imagen de María, «conserva todas estas cosas, meditándolas en su corazón» (Lc 2, 19), también puede concluir: «¡ahora sí que está claro!» A partir del misterio Pascual, todo se ilumina, todo el proyecto de Dios sobre nosotros, todo el designio benevolente del

---

2   San Agustín, *Quaestiones in Heptateucum*, 2, 73; PL 34, col. 623.

Padre. Y yo me hago capaz de percibir su presencia anticipada en las Escrituras, un poco como aquel a quien se advierte que hay un rostro oculto en un cuadro que representa a primera vista un paisaje. A partir de ese momento, podrá descubrir los rasgos y la presencia.

Así pues, la Pasión ilumina el Antiguo Testamento y revela su sentido oculto, virtual. Levanta la indeterminación. En Hch 8, el diácono Felipe se une sobre la marcha al eunuco de la reina Candace que desciende de Jerusalén a Gaza, regresando de una peregrinación, leyendo en su carro los poemas del Siervo sufriente de Isaías: «como cordero llevado al matadero...» (Is 53, 7-8). «¿Entiendes lo que estás leyendo?», le pregunta Felipe. «El eunuco preguntó a Felipe: "Por favor, ¿de quién dice esto el profeta?" Y tomando pie de este pasaje le anunció la Buena Nueva de Jesús» (Hch 8, 34-35). Entonces Felipe hace con este funcionario lo que Jesús había hecho en el camino de Emaús con sus dos discípulos. Los ojos del eunuco se abren. Para él las profecías cobran sentido.

Pero –y este es el segundo aspecto: «el Nuevo Testamento está oculto en el Antiguo»– el Antiguo Testamento no está nunca «superado» porque contiene ya, de manera encriptada, el Nuevo. No es una simple escalera que podríamos retirar una vez hemos llegado a lo alto. ¿Qué es lo que vemos, en efecto, en la cumbre del Tabor? A Jesús, ciertamente. Jesús transfigurado. Jesús que resplandece ya con la gloria de su resurrección. Pero miremos mejor. «De repente dos hombres conversaban con él: eran Moisés y Elías, que, apareciendo con gloria, hablaban de su éxodo, que él iba a consumar en Jerusalén» (Lc 9, 30-31). ¿Qué hacen aquí Moisés y Elías? Vienen a dar testimonio. Porque según la Biblia todo asunto se decide con la palabra de dos o tres testigos (cf. 2Co 13, 1). A dar testimonio ¿de qué? A dar testimonio de todo lo que está por venir: la libre subida de Jesús a Jerusalén, su Pasión, su muerte y su resurrección. Resumiendo: su «éxodo». Es ciertamente lo que anunciaban las Escrituras, a saber la Ley, dada por Moisés, junto con los profetas, representados por Elías. «Aquel de quien escribieron Moisés en la ley y los profetas lo hemos encontrado: Jesús, hijo de José, de Nazaret» (Jn 1, 45), anuncia Felipe a Natanael.

Los acontecimientos, los personajes, las profecías del Antiguo Testamento hablan, por consiguiente, de Jesucristo, y es por eso por lo que seguimos usándolos asiduamente y alimentándonos de ellos. «Ignorar las Escrituras es ignorar a Cristo»[3], ¿no es verdad? Esta presencia de Cristo en los salmos es tan fuerte que éstos constituyen la oración constante de la Iglesia. Es el mismo Jesucristo quien ora y a quién oramos en los Salmos. Santo Tomás tiene una enseñanza interesante sobre este tema. Generalmente se admite que los Salmos hacen referencia a acontecimientos o situaciones históricas referidas a David o a algún otro personaje de la época, pero que podemos, mediante una transposición, aplicarlos en el sentido espiritual a los misterios de la vida de Cristo. Pero santo Tomás va más lejos.

---

3 SAN JERÓNIMO, Prólogo del *Comentario a Isaías*; PL 24, col. 17.

Considera que el sentido de ciertos salmos (sobre todo de los llamados Salmos de la Pasión: Sal 22, 35, 69, 109) es tan desproporcionado a los acontecimientos históricos relativos a David o a ése otro personaje, que se aplica primeramente a Cristo antes que a ellos. El sentido literal de estos textos –es decir, la enseñanza que ha querido comunicar el Espíritu Santo, autor primero de la Escritura– concierne directamente a Jesucristo. De este modo, ante el Sal 22, santo Tomás declara: «Aunque este salmo se aplica en figura (*figuraliter*) a David, se refiere, sin embargo, de marera especial y literalmente (*ad litteram*) a Cristo»[4]. Ésta es la razón por la que no duda en escribir en el Prólogo de ese mismo *Comentario a los Salmos*: «Todo lo que se refiere a la fe en la Encarnación es tratado de manera tan transparente (*dilucide*) en esta obra que la hace parecer un evangelio y no una profecía». Y es por esto por lo que santo Tomás, que por otro lado sostiene que en Teología sólo se puede argumentar a partir del sentido literal de la Escritura[5], utiliza abundantemente los Salmos o los Cánticos del Siervo en la parte cristológica de la *Summa* para establecer el propio contenido de la fe relativo a ciertos aspectos del misterio de Jesucristo. De esta manera, en el corazón del tratado de la Redención, cuando se pregunta si la Pasión de Cristo nos ha salvado por modo de satisfacción, es decir, saldando la deuda de nuestro

---

4   cf. SANTO TOMÁS DE AQUINO, *Postilla super Psalmos,* Ps 21.
5   cf. *STh*. Ia, q. 1, a. 10, ad 1. Para los textos de la Suma teológica seguimos, si no se indica lo contrario, la traducción de hjg.com.ar/sumat/ (Nota del Traductor).

propio pecado, santo Tomás zanja la cuestión con un versículo del Salmo 69 que proclama «en persona de Cristo»: «¿Es que voy a devolver lo que no he robado?»[6]

---

6 *STh.* IIIa, q. 48, a. 2, *sed contra.*

4. *Ecce homo; Ecce agnus Dei*

«Salió Jesús afuera, llevando la corona de espinas y el manto color púrpura. Pilato les dijo: "He aquí al hombre"» (Jn 19, 5). Como siempre, los hombres no saben lo que dicen. No captan la profundidad real de sus palabras. No saben hasta qué punto lo que dicen es objetivamente verdad, aunque ellos, subjetivamente, den otro sentido a sus palabras. Este desajuste, esta «ironía», es una constante en los relatos evangélicos de la Pasión. De esta manera las burlas que hacen de Jesús –«¡Salve, rey de los judíos!» (Mc 15, 18)– o incluso la inscripción colocada sobre la Cruz (Mc 15, 26), son verdaderas confesiones de fe. Este desajuste entre el sentido inmediato y el sentido profundo significa que la historia se realiza en dos planos, a dos niveles distintos. En la superficie las intenciones y los proyectos de los hombres, y en profundidad el plan de Dios que se realiza a través (y a pesar) de ellos. «El Señor deshace los planes de las naciones, frustra los proyectos de los pueblos; pero el plan del Señor subsiste por siempre; los proyectos de su corazón de edad en edad» (Sal 33, 10). Así se entiende que mientras «se alían los reyes de la tierra, los príncipes conspiran contra el Señor y contra su Mesías», «el que habita en el cielo sonríe, el Señor se burla de ellos» (Sal 2, 2-4). Y mejor aún, tal como los discípulos descubren admirados al retomar este salmo

2 a la luz de Pascua: Dios sabe sacar provecho de los designios perversos de los hombres para realizar nuestra salvación en Jesucristo: «pues en verdad se aliaron en esta ciudad Herodes y Poncio Pilato con los gentiles y el pueblo de Israel contra tu santo siervo Jesús, a quien ungiste, para realizar cuanto tu mano y tu voluntad habían determinado que debía suceder» (Hch 4, 27-28).

Pilato ni se imagina hasta qué punto tiene razón cuando declara, sin duda despectivamente, «he aquí el hombre». Jesús humillado, Jesús burlado, es el Hombre. No es el Adán primordial, el hombre tal como salió originalmente de las manos de Dios –«Lo hiciste poco inferior a los ángeles» (Sal 8, 6)–, sino el hombre, tal y como, por su pecado, se ha entregado, atado de pies y manos a la violencia destructiva del mal. En este hombre cada uno de nosotros con sus miserias puede reconocerse como en un espejo.

Jesús nos ha salvado, es decir, nos ha devuelto a la plenitud de la vida, identificándose con este hombre pecador. Ha tomado sobre sí nuestra carga. «Llevad los unos las cargas de los otros y así cumpliréis la ley de Cristo» (Gal 6, 2). Ha tomado sobre sí el pecado del mundo. «Este es el Cordero de Dios, que quita el pecado del mundo» (Jn 1, 29). El Buen Pastor se ha hecho cordero para devolver al redil a la oveja perdida. La imagen del cordero aplicada a Jesús remite a la del cordero Pascual, cuya inmolación era el sacramento de la redención de Israel (Ex 12), o incluso al holocausto cotidiano (Ex 29). Pero también identifica a Jesús con los profetas perseguidos (cf. Jer 11, 29), y especialmente con el siervo sufriente, ese misterioso personaje del que Isaías afirma que toma sobre sí los pecados de la multitud y que se ofrece como cordero expiatorio (cf. Lev 14).

«Él soportó nuestros sufrimientos y aguantó nuestros dolores; nosotros lo estimamos leproso, herido de Dios y humillado; pero él fue traspasado por nuestras rebeliones, triturado por nuestros crímenes. Nuestro castigo saludable cayó sobre él, sus cicatrices nos curaron. Todos errábamos como ovejas, cada uno siguiendo su camino; y el Señor cargó sobre él todos nuestros crímenes. Maltratado, voluntariamente se humillaba y no abría la boca: como cordero llevado al matadero, como oveja ante el esquilador, enmudecía y no abría la boca» (Is 53, 4-7).

San Pablo ha expresado este misterio de forma lapidaria: «Al que no conocía el pecado lo hizo pecado en favor nuestro, para que nosotros llegáramos a ser justicia de Dios en él» (2Co 5, 21). En favor nuestro Dios lo ha hecho «pecado» (no el verbo, ¡el nombre!) ¿Cómo entender esta afirmación sorprendente? Santo Tomás propone tres posibles explicaciones. Según la primera, san Pablo querría decir que Dios ha hecho de Jesús un «sacrificio por el pecado», ya que en la Escritura el término «pecado» algunas veces significa el sacrificio ofrecido por el pecado. La segunda es que Dios ha hecho pasar a Jesús a los ojos de los hombres por un pecador. La tercera –la más satisfactoria– es que «Dios le ha hecho asumir una carne mortal y sujeta al sufrimiento»[1]. «En semejanza de carne de pecado», explicita Rom 8, 3. El Padre, como tenía el designio de salvar la humanidad desde dentro, es decir, por la humanidad misma, ha querido que el Hijo se hiciera solidario con la humanidad *pecadora* compartiendo ciertos aspectos de la condición del hombre pecador. No el pecado mismo, pero sí la miseria que es la consecuencia del pecado.

Esta solidaridad de Jesucristo con los pecadores está en el corazón de la teología de la Redención. No era algo necesario. En efecto, en la antigua alianza el sacerdote, para cumplir del mejor modo su ministerio, debía estar más bien separado del común de los hombres. Debía mantenerse a distancia de la muerte y de su impureza, tal como lo vemos con el sacerdote de la parábola del buen samaritano (Lc 10, 31-32). Si el sacerdote esquiva al hombre medio muerto es tal vez por egoísmo pero ,sobre todo, por no contraer una impureza legal que le haría indigno para el ejercicio del culto. Cristo, en cambio, ha sido semejante a sus hermanos. Ha querido compartir su condición. «No tenemos un sumo sacerdote incapaz de compadecerse de nuestras debilidades, sino que ha sido probado en todo, como nosotros, menos en el pecado» (Heb 4, 15). Y según avanza hacia el sacrificio del Calvario su aspecto no tiene nada que ver con aquel glorioso, rutilante, del gran sacerdote Simón, hijo de Onías, que describe con entusiasmo ese fino amante de la liturgia que es Jesús Ben Sirá (cf. Eclo

---

1   Cfr. Santo Tomás de Aquino, *Lectura super II epistolam ad Corinthios*, c. 5, lect. 5.

50). «Por tanto, lo mismo que los hijos participan de *la carne y de la sangre* [es decir, de una condición humana marcada por la fragilidad], así también participó Jesús de nuestra carne y sangre para aniquilar mediante la muerte al señor de la muerte, es decir, al diablo, y liberar a cuantos, por miedo a la muerte, pasaban la vida entera como esclavos» (Heb 2, 14-15).

Varios episodios evangélicos subrayan esta solidaridad de Jesús con los pecadores. Expongo tres. El primero es el bautismo en el Jordán, figura por excelencia de la Pasión, ya que Jesús desciende a las aguas, signo del caos primitivo y guarida de los poderes hostiles a Dios. Jesús, el Inocente, se pone en la cola de los pecadores y recibe como ellos el bautismo de Juan, «un bautismo de conversión para la remisión de los pecados» (Mc 1, 4). El Bautista descubre la incongruencia aparente de la situación: «Soy yo el que necesito que tú me bautices, ¿y tú acudes a mí?» (Mt 3, 14), pero Jesús le hace entrever el plan de Dios: «Conviene que así cumplamos toda justicia» (Mt 3, 15). No es casualidad que sea precisamente en este contexto que Juan Bautista designa a Jesús como el «Cordero».

El segundo episodio evangélico que pone de relieve la solidaridad de Jesús con los pecadores es la comida en casa de Leví (Lc 5) o la estancia en casa de Zaqueo (Lc 19). Compartiendo la comida con los pecadores, acto cuya significación religiosa es muy fuerte, Jesús muestra que está en comunión con ellos, para gran escándalo de los hombres religiosos, especialmente de los fariseos, cuyo nombre significa precisamente que están «separados» de los demás por fidelidad a la Ley. No tiremos piedras demasiado rápido contra los pobres fariseos. No hacen más que poner en práctica un principio que en sí es apropiado: las malas compañías corrompen las buenas costumbres, de manera que una cierta prudencia en los que frecuentamos es, de hecho, legítima e incluso recomendada para quien quiere ser fiel a un ideal moral elevado. Pero, en realidad, esta sabiduría humana sirve para los seres tan imperfectos que somos nosotros, en cuyos corazones dormitan tantas complicidades secretas con el mal que deben protegerse de todo aquello que podría despertarlas. No es así con Jesús. Cuanto más puro es un ser, libre interiormente de toda propensión hacia el pecado, más capaz es de acercarse a la impureza sin contraerla. Al contrario, su inocencia purifica a todos los que toca. Su pureza es más contagiosa que la misma impureza del pecado.

El modo en que Jesús cura al leproso remite también a este misterio de la solidaridad de Jesús con los pecadores. «Compadecido, extendió la mano y lo tocó diciendo: "Quiero, queda limpio" (Mc 1, 41). Jesús, yo creo, podría haberse contentado con curar al leproso por su palabra todopoderosa, como curó a distancia al criado del centurión (Mt 8). Sin embargo, escoge tocarlo y así, de alguna manera, contraer su lepra. Cristo no libera al hombre del pecado a golpe de varita mágica, sino tomando sobre sí ese pecado. Consideremos también el modo, sin duda desconcertante, en que el profeta Eliseo devuelve la vida al hijo de la buena sunamita. «Luego subió al lecho, se tumbó sobre el niño, boca con boca, ojos con ojos, manos con manos. Manteniéndose recostado sobre él la carne del niño iba entrando en calor» (2Re 4, 34). Eliseo se identifica de alguna manera con el niño muerto, y por esta identificación le transfiere su propia vida.

Esta ley cristológica de la solidaridad salvífica se extiende enseguida a los discípulos de Cristo. Un ejemplo de ello es el modo en que Saulo se convierte en apóstol de las naciones. Como el mismo Pablo recordará en su carta a los romanos, el judío tiene conciencia de ser «guía de ciegos, luz de los que viven en las tinieblas» (Rom 2, 19). Y de hecho la misión que Cristo confía a Pablo en el camino de Damasco es ir a las naciones paganas para «que les abras los ojos y se vuelvan de las tinieblas a la luz y del dominio de Satanás a Dios» (Hch 26, 18). Sin embargo, el primer efecto de la aparición en el camino es convertir a Saulo en ciego y obligarle a dejarse guiar por los demás: «Saulo se levantó del suelo y aunque tenía los ojos abiertos no veía nada. Lo llevaron de la mano hasta Damasco» (Hch 9, 8). O sea que el apóstol de las naciones experimenta en su propia carne la situación de los paganos. Es hecho solidario con aquellos a los que después es enviado.

Pero volvamos de nuevo a Jesucristo. ¿En qué consiste exactamente su solidaridad con los pecadores? Aquí hay que desterrar dos errores. El primero es que Cristo habría hecho la experiencia personal del pecado como los otros hombres. Es absolutamente falso. «¿Quién de vosotros puede acusarme de pecado?» (Jn 8, 46), lanza Jesús como un desafío. Es el Inocente. Es, de hecho, libre de pecado, y de derecho, incapaz de pecado (impecable). Y es precisamente por esto que es capaz de arrancarnos del pecado: «Sabéis que él se manifestó para quitar los pecados, y en él no hay pecado» (1Jn 3, 5); «Cristo sufrió su Pasión, de una vez para siempre, por los pecados, el justo por los injustos» (1Pe 3, 18). Pero, se objeta, ¿cómo puede ser Jesús verdadero hombre si no tiene experiencia del pecado? ¿Acaso no es ésta inherente a la condición humana? Por otro lado, ¿no es cierto que los cristianos más fervorosos son los pecadores convertidos (cf. Lc 7, 47)? ¿No es precisamente la experiencia de nuestra propia debilidad la que nos abre a las actitudes cristianas fundamentales que son la humildad, la compasión benevolente...? El error viene aquí de que nosotros proyectamos indebidamente sobre Jesús nuestra psicología de hombre pecador. Pero ¿qué es ser «verdadero hombre»? Las prótesis auditivas son una cosa excelente... para un sordo. No para quien tiene buen oído. La muleta, es ideal... para quien se ha roto la pierna. No para quien disfruta de la integridad de sus miembros. Al contrario, la muleta es un obstáculo para el caminar del hombre con buena salud. De la misma manera, llegar, por la gracia de Dios, a un cierto equilibrio de vida asumiendo los propios pecados, aceptando humildemente sus límites, no está tan mal para alguien que ha sido herido por el pecado pero que no renuncia por ello avanzar, aunque sea cojeando. Pero nosotros sabemos también que Dios no ha creado al hombre lisiado. Lo ha creado para que viva en comunión con su Creador, con el cosmos, con los demás, y en armonía consigo mismo. Un Cristo que no conoce el pecado, porque tiene un perfecto dominio de sí en virtud de su unión íntima con Dios, no es menos hombre que aquel que ha hecho la experiencia de su degradación y más o menos se ha levantado. Todo lo contrario. Lo que hace menos humano es el pecado, no la impecabilidad.

Además, lejos de hacer a Jesús más cercano a los hombres a los que salvar, el pecado habría producido el efecto de alejar a Cristo de los hombres, porque el pecado no crea ningún vínculo. Es una pura fuerza de separación y de dispersión. Después del pecado, Adán echa la culpa a Eva (Gen 3, 12). Después del pecado del becerro de oro, pecado original de la comunidad de Israel, Aarón echa la culpa al pueblo, del cual, como sacerdote, debería haber sido solidario (Ex 32, 22-24)... Sólo el amor hace solidario. El pecado, en cambio, hace cómplice.

El segundo error sería imaginar que Cristo, por muy inocente que fuera, ha sido castigado y escarmentado en lugar de los demás. Como tendremos ocasión de precisar pronto, hay que distinguir cuidadosamente el castigo, que implica un vínculo intrínseco a la falta (no se castiga justamente más que a un culpable), y la satisfacción, que es un acto de amor cuyo autor toma sobre sí en reparación la pena que es debida a su propio pecado o al de sus hermanos. Nada más perverso que la imagen de un Padre eterno que desencadena su cólera sobre su Hijo que, porque se identifica con los pecadores, se habría convertido en odioso a sus ojos.

En realidad Jesús es solidario no del pecado sino de los pecadores, en el sentido de que asume la naturaleza humana en el estado lamentable en que la ha dejado nuestro pecado. Al encarnarse el Hijo toma una naturaleza marcada por ciertas consecuencias del pecado, como el sufrimiento y la muerte, para así transfigurarla y re-formarla desde dentro. En el admirable intercambio de la Encarnación el Hijo no sólo comunica a la humanidad con la que se desposa en su persona su propia divinidad, sino que restaura su integridad, sanándolo de las secuencias del pecado. Porque, dice san Gregorio Nacianceno: «Lo que no ha sido asumido, no ha sido sanado; en cambio, es aquello que ha sido unido a Dios lo que ha sido salvado»[2].

> «Quitó lo que venía del diablo; tomó lo que era humano; dio lo que era divino, para que todo lo que es de la esposa sea del esposo. He aquí por qué aquel que no ha cometido pecado y en quien no se ha encontrado engaño, dice: "Ten piedad de mí, Señor, porque soy débil". Aquel que tiene la debilidad recibe la queja»[3].

Después del pecado, Dios podría haber destruido la creación y reiniciar las cosas desde cero, pero prefirió restaurar en Jesucristo la creación caída, elevándola así a una dignidad incomparable.

---

2 GREGORIO NACIANCENO, *Carta 101*, 32; Sources Chrétiennes 208, p50-51.
3 ISAAC DE STELLA, *Sermon 11*; PL 194, col. 1728-1729.

5. «... HIJO DE ADÁN, HIJO DE DIOS» (Lc 3, 28)

El Verbo de Dios, al encarnarse no se ha desposado con una abstracción. No se ha unido al concepto de humanidad. Ha tomado la carne de Adán, una carne marcada por el pecado, una carne que Él ha venido a renovar desde el interior. Por eso no es casualidad que san Lucas haga comenzar la genealogía humana de Jesús en Adán. En esta galería de los ancestros de Jesús encontramos ciertos personajes muy nobles, aunque no sean modelos de virtud en todas las circunstancias (David y su doble pecado, o el equívoco Salomón...). La santidad (relativa) de estos justos anunciaba la de Jesús:

> «Puesto que Cristo debía estar lo más separado posible de los pecadores en cuanto a la culpa, como logrando el grado sumo de inocencia, fue conveniente que desde el primer pecador [=Adán] se llegase a Cristo por medio de algunos justos, en los que brillasen algunos signos de la santidad futura»[1].

Pero al lado de estos justos también encontramos a Roboam, «lo más loco del pueblo, falto de inteligencia» (Eclo 47, 23) y algunos granujas considerables más.

---

1 *STh*. IIIa, q. 4, a. 6, ad 3.

De hecho, el Hijo de Dios al encarnarse asume y recapitula en sí toda la historia de la humanidad. Según algunos biólogos «la ontogenia recapitula la filogenia», es decir, que la formación del embrión reproduce las diversas etapas que escalonan la historia de la especie. De modo análogo, la Pasión recapitula todas las situaciones de angustia y de miseria en las cuales la humanidad se ha sumergido. Por eso Jesús ha vencido personalmente en la Pasión todas las «pasiones» del pueblo santo de las que hace memoria el Antiguo Testamento, desde la esclavitud de Egipto hasta la terrible persecución de Antíoco Epífanes, pasando por el drama del exilio en Babilonia, cuando el pueblo de Dios, como consecuencia de su infidelidad, se encuentra despojado de todo. En la medida en que había perdido todo lo que constituía su identidad –la tierra; el rey, hijo de David; el templo, el culto...– Israel atraviesa una verdadera muerte.

> «Pero ahora, Señor, somos el más pequeño de todos los pueblos; hoy estamos humillados por toda la tierra a causa de nuestros pecados. En este momento no tenemos príncipes, ni profetas, ni jefes, ni holocausto, ni sacrificios, ni ofrendas, ni incienso, ni un sitio donde ofrecerte primicias, para alcanzar misericordia. Por eso acepta nuestro corazón contrito y nuestro espíritu humilde» (Dan 3, 37-39).

¡Sólo queda la fe en Dios! Y Dios no defraudó la vacilante esperanza de Israel. A aquellos que se lamentaban: «Se han secado nuestros huesos, se ha desvanecido nuestra esperanza, ha perecido, estamos perdidos» (Ez 37, 11), les dio la vida. Hizo levantarse a Israel de su tumba y lo llevó de nuevo a su tierra (Ez 37, 12).

Esta aflicción del pueblo santo encuentra un eco cuasi-sacramental en las pruebas de los profetas, como se ve con Jeremías, que experimenta en su propia carne los sufrimientos del pueblo (Jer 4, 19). Y también con el misterioso Siervo de Dios, que es a veces el mismo pueblo, a veces un profeta, a veces el Mesías que tenía que venir. He aquí por qué la liturgia nos invita a contemplar a Cristo en su Pasión a través de los textos bíblicos inspirados que expresan la tribulación del pueblo derrotado o exiliado (como las Lamentaciones) o las pruebas y los gritos de los profetas perseguidos: sufrimiento, soledad, fracaso, persecución, traición, abandono, silencio de Dios... Esta es una clave esencial para la lectura cristiana del Antiguo Testamento.

Pero todas estas situaciones de angustia, comunitarias o personales, remiten a la angustia fundamental: la de Adán pecador. De la misma manera, en los Padres de la Iglesia la salvación de la humanidad se encuentra como resumida en la salvación de Adán, la oveja perdida que Jesucristo, el Buen Pastor, ha ido a buscar allí donde ésta ha ido a perderse: en lo más profundo de los infiernos. Como lo muestra el icono clásico de la Resurrección la salvación entera está contenida en el gesto de Jesús descendido a los infiernos que allí toma la mano de Adán cautivo para arrancarlo del poder de la muerte y atraerlo hacia el Padre. En Occidente una idea parecida se muestra a través de la representación de un cráneo al pie de la cruz en el Gólgota –el «lugar de la calavera» (Mc 15,22). Entonces, ¿ a quién pertenece ese cráneo que figura, con dos siniestras tibias cruzadas, al pie de nuestros venerables crucifijos? A Adán, nuestro primer padre, responde una larga tradición. Así se vuelven a unir los dos extremos de la cadena. El nuevo Adán, Jesucristo, perfecta imagen del Padre, entrega su vida en el mismo lugar donde murió y fue sepultado, como consecuencia de su pecado, el primer Adán. La sangre de Cristo, sangre vivificante de aquel que «en virtud del Espíritu eterno se ha ofrecido a Dios como sacrificio sin mancha» y «purifica nuestra conciencia de las obras muertas» (Heb 9, 14), devuelve la vida a los huesos resecos del viejo Adán.

El capítulo 3 del Génesis enumera las penas en que Adán incurre por el pecado. No se trata tanto de castigos arbitrarios, como de consecuencias lógicas que se derivan intrínsecamente de la ruptura del hombre con Dios. Sin embargo, todos estos aspectos de la condición pecadora vuelven a aparecer, de una manera o de otra, en la Pasión de Cristo. Es el signo de que Cristo ha asumido nuestra humanidad pecadora para «re-formarla» desde el interior, como el alfarero vuelve a dar forma a la arcilla que trabaja (cf. Jer 18, 4). No hace falta mencionar en tal lista la propia muerte, primera consecuencia del pecado y síntesis de todos los males, que Cristo libremente ha aceptado para devolvernos a la vida. Pero, un poco como una crisis cardíaca aunque solo concierna directamente al corazón afecta al conjunto del organismo, el pecado, al distorsionar la relación con Dios, perturba todas las relaciones que definen la existencia humana.

«Se les abrieron los ojos a los dos y descubrieron que estaban desnudos; y entrelazaron hojas de higuera y se las ciñeron» (Gen 4, 7). ¡Aquí la desnudez no tiene nada que ver con la supuestamente ingenua exaltación dionisíaca de una sensualidad finalmente liberada de coacciones sociales! En un mundo armonioso, conforme al proyecto de Dios, como aquel que precede a la caída, la desnudez tiene un sentido positivo: Adán y Eva están desnudos porque no tienen necesidad de protegerse el uno del otro, ni por las armas ni por engaños: reina la confianza. Pero después del pecado se convierte en la expresión de una fragilidad. «No sabes que tú eres desgraciado, digno de lástima, pobre, ciego y desnudo» (Ap 3, 17). Estar desnudo significa estar expuesto sin protección a todas las amenazas. Frente a esta precariedad radical nuestro mecanismo reflejo es «entrelazaron hojas de higuera y se las ciñeron», es improvisar defensas precarias. ¡Desde el pecado nos escondemos mucho «entre los árboles del jardín» (Gn 3, 8), o detrás de las hojas de higuera! Un nudista (que probablemente no lo sea según los estándares modernos) atraviesa furtivamente la escena en el relato de la Pasión de san Marcos: «Lo iba siguiendo un muchacho envuelto solo en una sábana; y le echaron mano, pero él, soltando la sábana, se les escapó desnudo» (Mc 14, 51-52). Los Padres de la Iglesia estaban bastante bien dispuestos hacia la figura de este joven: como el patriarca José que había preferido abandonar sus ropas antes que su virtud entre las manos de la mujer de Putifar (Gn 39, 12), suponía para ellos la imagen de todos aquellos que no dudan en renunciar a sus privilegios de disfrutar del mundo y sus seducciones. El Padre. Benoît y M.-E. Boismard lo consideran incluso como un símbolo del mismo Cristo, que se escapa de aquellos que le quieren retener en la «síndone», el paño o sábana de la tumba[2]. ¡Pero no parece precisamente que San Marcos elogie al fugitivo! Quizás sea mejor relacionar este episodio con Am 2, 16. El profeta amenaza al Israel infiel con un castigo terrible: «El más veloz no podrá huir[...]. El más intrépido entre los guerreros huirá desnudo aquel día, oráculo del Señor». De hecho, «el fugitivo representa a todo discípulo que, por dejadez, ha roto sus vínculos con Jesús y se vuelve a encontrar tal y como Jesús lo halló: sumergido en su miseria natural, expuesto sin protección a todos los asaltos del mal»[3]. Pero esta desnudez, que es fragilidad y vulnerabilidad, Cristo la asume plenamente en su Pasión. «Los soldados, cuando crucificaron a Jesús, cogieron su ropa, haciendo cuatro partes, una para cada soldado, y apartaron la túnica» (Jn 19, 23). Al asumir de este modo nuestra desnudez, Cristo, por un maravilloso intercambio, nos reviste con un traje de fiesta. «Sacad enseguida la mejor túnica y vestídsela; ponedle un anillo en la mano y sandalias en los pies» (Lc 15, 22). Jesús nos despoja de nuestros andrajos y nos reviste con un traje de boda que es Él

---

2 P. Benoît y M.-E. Boismard, *Synopse des quatre évangiles en français*, II, Commentaire, París, 1972, p. 442.
3 S. Légasse, *L'Evangile de Marc*, t. 2, Paris, 1997, p. 909.

mismo. «Cuantos habéis sido bautizados en Cristo os habéis revestido de Cristo» (Gal 3, 27). Por esto el sacerdote, en el momento de revestirse con la estola para celebrar en la eucaristía el banquete de bodas del Cordero reza así:

«Devuélveme, Señor, la túnica de la inmortalidad, que perdí por el pecado de los primeros padres; y, aunque me acerco a tus sagrados misterios indignamente, haz que merezca, no obstante, el gozo eterno (*Redde mihi, Domine, stolam immortalitatis, quam perdidi in praevaricatione primi parentis; et, quamvis indignus accedo ad tuum sacrum mysterium, merear tamen gaudium sempiternum*)».

Como lo podemos constatar a través de la temática del vestido y de la desnudez, se trata de un proceso en cuatro etapas. El hombre disfruta en Adán de una «cualidad» inicial; luego pierde esta «cualidad» por el pecado; Cristo asume en su Pasión esta situación de pérdida; la «cualidad» inicial es restituida al hombre en Cristo de un modo que sobrepasa en perfección su realización inicial en Adán. Este esquema se aplica analógicamente a una multitud de aspectos de la condición humana.

Por ejemplo al modo en que el hombre ve a Dios. Ante Dios que viene apaciblemente hacia él «a la hora de la brisa», Adán se asusta y se esconde. Ha perdido la familiaridad confiada con el Creador. Desde entonces Dios se representa al pecador como el tirano celoso con que fantaseaba la serpiente. «Tenía miedo –se excusa el mal servidor de la parábola de los talentos– pues eres un hombre exigente que retiras lo que no has depositado y siegas lo que no has sembrado» (Lc 19, 21). Desde luego, Jesús nunca ha estado separado del Padre en modo alguno. En lo más profundo de su Corazón humano, ha estado siempre una inquebrantable confianza filial en la bondad del Padre. Pero la conciencia humana no es un bloque homogéneo. Conlleva varios grados de interioridad. ¿Podemos entonces descartar que en las horas más sombrías de la Pasión Jesús haya podido experimentar, en las zonas más externas de su conciencia psicológica, un sentimiento de abandono, como si Dios escondiera su rostro y se volviera extraño, lejano, incluso hostil? ¿Puede que Él haya experimentado de alguna manera esta terrible sensación, como Jacob y algunos otros, de que Dios se había convertido en enemigo?

Siguiendo la lógica de su alejamiento voluntario de Dios Adán y Eva son exiliados, expulsados del Edén, lugar de la comunión filial con el Padre. Como el hijo pródigo, parten «a un país lejano» (Lc 15, 13). Es allí donde Jesús los alcanza –en el desierto– para reintroducirlos en el Paraíso. En su misma Pasión, Jesús ha sido arrastrado fuera de la Ciudad Santa, lejos del lugar en que Dios había establecido su morada. ¿No había sido ya «afuera», en el campo, donde Caín, el homicida, llevó a Abel para matarlo (Gen 4, 8)? También es fuera de la viña donde los viñadores homicidas arrastran al hijo que asesinan. Esta expulsión de aquel que «vino a su casa y los suyos no lo recibieron» (Jn 1, 11) se prolonga en los creyentes que participan de la Pasión redentora de su Señor: «Jesús, para consagrar al pueblo con su propia sangre, murió fuera de la puerta. Salgamos, pues, hacia Él, fuera del campamento, cargados con su oprobio; que aquí no tenemos ciudad permanente» (Hb 13, 12-14). De cualquier modo, al asumir nuestro exilio, Jesús nos ha alcanzado que «podemos acercarnos al Padre» (Ef 2, 18). Finalmente, surgiendo Jesús de las aguas de la muerte, se abren los cielos (Mt 3, 16). Se restablece la comunicación. La espada de fuego ha caído de la mano del ángel (Gen 3, 24).

Creado a imagen y semejanza de Dios (Gen 1, 26) Adán había sido constituido rey de la creación, «lo coronaste de gloria y dignidad; le diste el mando sobre las obras de tus manos» (Sal 9, 6-7). Como consecuencia de su pecado, es condenado a trabajar con el sudor de su frente una tierra rebelde, hostil, que «brotará para ti cardos y espinas» (Gen 3, 18). Jesús, que «es imagen del Dios invisible» (Col 1, 15) y «el más bello de los hombres» (Sal 45, 3), en su Pasión es «como raíz en tierra árida, sin figura, sin belleza» (Is 53, 2). Está tan desfigurado que ya ni siquiera tiene apariencia humana (Is 52, 14). En el huerto suda sangre: «le entró un sudor que caía hasta el suelo como si fueran gotas espesas de sangre» (Lc 22, 44). En el interior del pretorio es coronado con espinas (Mc 15, 17). Estas espinas evocan la oposición entre el hombre pecador y el cosmos, que se ha vuelto agresivo para aquel que lo ha sometido a la vanidad (Rm 8, 20), es decir para quien lo utiliza contra el buen sentido. Los cardos y las espinas rasgan y hieren la carne frágil del hombre. También son expresión de la situación estéril del hombre que se separa de la fuente viva que es Dios. Cardos y espinas componen la vegetación de los lugares desérticos (Os 10, 8; Sof 2, 9). Los matorrales de espinas no tienen raíces y son arrastrados sin fin por el desierto a merced del viento. Son la antítesis del árbol siempre verde que «da fruto en su sazón» (Sal 1, 3), símbolo del hombre arraigado en Dios. Tomando sobre sí la corona de espinas Jesús nos restituye la diadema de gloria, signo de nuestra dignidad esponsal, y la Iglesia, redimida por la Pasión del Cordero exulta: «Desbordo de gozo en el Señor, y me alegro con mi Dios: porque me ha puesto un traje de salvación, y me ha envuelto con un manto de justicia, como novio que se pone la corona o novia que se adorna con sus joyas» (Is 61, 10).

«Varón y mujer los creó» (Gen 1, 27), llamados a significar juntos, sacramentalmente, el misterio de la comunión entre el hombre y Dios. Pero, como consecuencia del pecado, en que la comunión se pervierte en confabulación; la solidaridad entre el hombre y la mujer se quiebra y esta ruptura se convierte en el arquetipo de la perversión de las relaciones personales. Inmediatamente después del pecado original Caín asesina a su hermano Abel. La espiral de la violencia ha arrancado. Nada la detendrá. Ahora el hombre es un lobo para el hombre. Esta maldad, en la que la humanidad desahoga sus profundidades más oscuras y primitivas, se despliega totalmente en los ultrajes y las humillaciones que sus adversarios y sus verdugos hacen sufrir a Jesús en la Pasión. Estos ultrajes están escritos desde tiempo atrás en el programa del Inocente perseguido, del perfecto discípulo descrito por el tercer canto del Siervo:

«El Señor Dios me abrió el oído; yo no resistí ni me eché atrás. Ofrecí la espalda a los que me golpeaban, las mejillas a los que mesaban mi barba; no escondí el rostro ante ultrajes y salivazos. El Señor Dios me ayuda, por eso no sentía los ultrajes; por eso endurecí el rostro como pedernal, sabiendo que no quedaría defraudado» (Is 50, 5-7).

El misterio de Cristo en el escarnio ofrece un contraste sorprendente entre el estallido ciego de violencia y la mansedumbre muy decidida de Jesús, siendo la mansedumbre lo más opuesto a la agresividad. Jesús en su Pasión se revela como el hombre de las bienaventuranzas por excelencia: «Bienaventurados los mansos porque ellos heredarán la tierra» (Mt 5, 4). Los pintores han hecho un trabajo excelente al plasmar este contraste. Pienso en particular en un cuadro de El Bosco, expuesto en la National Gallery de Londres. La cara, luminosa, de Jesús, cuya mirada interpela aquel que le contempla, es de una intensa dulzura. Pero está rodeado por todos lados por personajes a cuál más horrible y grotesco. Simbolizan el horror del pecado que transforma al hombre en bestia. Además uno de los personajes lleva en el cuello uno de esos collares de púas que se usan para los perros. Una idea semejante subyace en el cuadro expuesto en los Museos Reales de Bellas Artes de Bélgica, en que Brueghel el Viejo en

1562 representa la caída de los ángeles rebeldes: cuanto más se alejan de Dios Los Ángeles rebeldes por su caída, más feos se vuelven, más tienden a la animalidad y se transforman en aterradores monstruos híbridos. De hecho, en los salmos, los perseguidores del Justo a menudo se comparan con animales: «Me acorrala un tropel de novillos, me cercan toros de Basán; abren contra mí las fauces leones que descuartizan y rugen» (Sal 22, 13-14); «Estoy echado entre leones devoradores de hombres» (Sal 57,5). El acceso del hombre a su plena humanidad es constantemente amenazado por el pecado que le devuelve a su parte más oscura y animal, aquella que se desencadenó contra Cristo. Pero Aquel que ha atravesado la prueba del desierto, donde «vivía con las fieras» (Mc 1, 13), Aquel que ha sometido a su humanidad al demonio bestial que merodeaba por el país de los gerasenos (Mc 5), Ése, por su Pasión, ha desarmado la violencia de los hombres. La escena del escarnio es como una anticipación del descenso salvífico de Cristo a los infiernos.

De esta manera podríamos, con el modo infinito y gustoso de la *lectio divina*, multiplicar los paralelismos entre los diferentes aspectos de la condición del pecador tal como la presenta la Escritura y los episodios de la Pasión de Jesús. Todos muestran que es precisamente asumiendo la condición del pecador como Jesús, el Justo sin pecado, ha vencido por nosotros al pecado y nos ha restituido a nuestra alta dignidad. En las cuestiones 14 y 15 de la *Tertia pars* de la *Summa theologiae*, santo Tomás de Aquino se pregunta sobre las imperfecciones y límites (*defectus*), respectivamente del cuerpo y del alma, que el Hijo de Dios ha asumido libremente en su Encarnación. Dice que el criterio para discernir qué *defectus* ha asumido o no el Hijo, se toma de su misión redentora. El Hijo ha asumido todos los *defectus* que, *primo,* afectan a la naturaleza humana como tal tras el pecado de Adán (la fatiga, el hambre y la sed, la pasibilidad, la muerte final...) y que, *secundo,* no son incompatibles con la perfección requerida para el cumplimiento mismo de su misión. Por eso hay que descartar en Cristo, por ejemplo, esa consecuencia del pecado que es el desconocimiento de Dios, ya que el Hijo precisamente ha venido para revelarnos al Padre. Con más razón hay que excluir (contra ciertas tendencias de la teología dialéctica contemporánea) que Cristo haya sufrido la pena de daño o del infierno, es decir, la separación de Dios. El abandono de Jesús en la Cruz no significa en modo alguno que haya participado, como el pecador endurecido, de la pena del infierno. Al contrario, para cumplir su misión redentora, Jesucristo debía estar perfectamente unido al Padre. La cruz no es en modo alguno el lugar de la división, la manifestación en el tiempo de una impensable kénosis intratrinitaria. Es más bien el lugar de la más alta comunión entre el Padre y el Hijo en el Espíritu porque es la hora de la más alta caridad.

Decíamos que entre las consecuencias del pecado Cristo ha asumido la «pasibilidad», es decir, el hecho de estar expuesto, vulnerable, al sufrimiento físico y moral, y también a la muerte como pasividad suprema.

Pero podríamos decir que todo esto, aunque sea muy desagradable, es de lo más natural y parece intrínsecamente unido a la condición humana, independientemente del pecado. ¿Seguro que es así? Santo Tomás consagra dos artículos a la cuestión de saber si la muerte es una consecuencia del pecado, o bien si es natural para el hombre (*Summa theologiae, Ia-IIae*, q. 85, a. 5-6). Sí, responde, la muerte es natural en el sentido de que nuestro cuerpo está hecho de tal modo que no puede por sí mismo mantenerse en perfecto estado. Se usa como toda realidad física de este mundo y llega un momento en que ya no está proporcionado a las funciones que el alma espera de él. La muerte es pues natural, y la mirada de la razón y de los filósofos no han podido ver más lejos. Pero sabemos por la fe que Dios ha querido otra cosa para nosotros desde el principio. Llamándonos a la comunión de la vida trinitaria, Dios se obligaba a poner la integridad de nuestra persona, cuerpo y alma, a la altura de esta vocación. La gracia de la inmortalidad está directamente vinculada a esta llamada a la vida sobrenatural. Y así se realizará, aunque de un modo nuevo, tras la resurrección final cuando el cuerpo glorificado sea asociado para siempre a la vida del alma. Ahora bien, esta gracia de la inmortalidad, incluida en el don de Justicia original que habilitaba a Adán a vivir en la amistad con Dios, Adán la perdió para sí y para nosotros a causa de su pecado, de modo que la muerte surge como una consecuencia y una pena del pecado.

Esta pasibilidad, decimos que el Hijo de Dios la ha *asumido*. No la ha contraído, sufrida como a pesar suyo.

«Estas miserias nos son comunes con Cristo, pero no lo son por la misma razón. En efecto, estas miserias son la pena del primer pecado. Puesto que por un origen viciado hemos contraído la falta original, en consecuencia decimos haberlas contraído; pero Cristo en su origen no había contraído ninguna mancha del pecado; por lo que no se puede decir que haya contraído estas miserias, sino más bien que las ha asumido: las ha aceptado voluntariamente. Contraer, en efecto, quiere decir que no se toma necesariamente lo uno con lo otro. Pero Cristo podía asumir la naturaleza humana sin estas miserias tal y como la ha asumido sin la fealdad de la falta»[4].

¡El estado «normal» de Jesucristo es la transfiguración! O mejor, la Resurrección, ya que la gloria de su alma desborda plenamente sobre su cuerpo. Por lo tanto es en virtud de una disposición ligada a la economía de nuestra salvación que Cristo, aunque hombre perfecto y que vive ya la plena comunión con la vida divina, escoge compartir las miserias de los pecadores para sacarlos de ellas. Esta es la «kénosis» de aquel que «tomando la condición de esclavo se hizo semejante a los hombres» (Flp 2, 7). Él ha impedido libremente el desbordamiento de su gloria sobre la totalidad de su persona. ¿Por qué?

---

4   Santo Tomás de Aquino, *Compendium theologiae*, I, c. 226.

«Porque el Hijo de Dios, asumiendo la carne, ha venido al mundo para satisfacer por el pecado del género humano. Pero uno satisface por el pecado de otro cuando toma sobre sí la pena debida al pecado de éste. Pero estas miserias (*defectus*) corporales –la muerte, el hambre, la sed, etc.– son las penas del pecado que entró en el mundo por Adán. [...] Luego era conveniente, en cuanto a la finalidad de la Encarnación, que Cristo llevara en nuestra carne estas penas en nuestro lugar, según Isaías 53: "Él soportó nuestros sufrimientos"»[5].

---

5   *STh*. IIIa, q. 14, a.1.

6. *Pro nobis*

«Porque yo os transmití en primer lugar lo que también yo recibí: que Cristo murió por nuestros pecados según las Escrituras» (1Co 15, 3). Al encarnarse el Verbo eterno se ha hecho nuestro hermano. Hermano sin pecado nuestro, que somos pecadores. Ha recapitulado en sí la humanidad deformada por el pecado para «re-formarla» a su imagen. Esta «identificación» del Hijo con la humanidad pecadora no es todavía la Redención propiamente. Es su condición. Es por lo que Él ha hecho y sufrido en esta condición humana –por sus *acta* et *passa*– que Jesucristo ha reconciliado a los hombres con el Padre. En breve reflexionaremos sobre las modalidades de esta obra redentora. Pero antes hay que intentar entender en qué la obra redentora del nuevo Adán concierne a todos los hombres y a cada uno en particular. ¿Cómo es que lo que Jesús ha hecho y sufrido vale para mí? ¿Cómo puede ser que yo sea salvado si, por la gracia, acojo en mí la obra de Cristo? Porque, «lo mismo que por un solo delito resultó condena para todos, así también por un acto de justicia resultó justificación y vida para todos» (Rm 5, 18).

¡He aquí un problema teológico que no es pequeño! Como sugiere el texto de san Pablo, es análogo al de la transmisión del pecado original: ¿cómo el pecado personal de Adán hace que yo nazca culpable, «privado de la gloria de Dios» (Rm 3, 23)? Hacia el final de la Edad Media, ciertos teólogos propusieron para esta solidaridad entre Jesucristo y cada persona humana una explicación de orden puramente jurídico. Esto tiene unas consecuencias (nefastas) incalculables para la vida espiritual. Para el nominalismo, efectivamente, no existen más que individuos. Entre estos individuos, separados los unos de los otros por un abismo ontológico, el único vínculo concebible es el meramente jurídico que crea el contrato. Así imaginaron que era en virtud de una especie de contrato «tácito» que aquello que ha sucedido en Adán o en Cristo era imputable a cada individuo humano.

Así llegaron a pensar que por una pura y simple decisión de Dios, Jesucristo sufrió en lugar de los pecadores. Él los sustituye a ellos. Él paga por ellos. Tal vez podemos recordar una escena del libro *La Cizaña,* de *Astérix el Galo* de Uderzo y Goscinny. Edadepiédrix acaba de golpear en el pie con su bastón a Esautomátix el herrero, el cual, a su vez, se vuelve hacia el pobre Asurancetúrix, el bardo, que paseaba tranquilamente por allí, y le asesta un puñetazo formidable. El bardo desplomado en el suelo se sorprende: «Pero si yo no he dicho nada», y Esautomátix se justifica señalando a Edadepiédrix: «Ya lo sé, pero no puedo golpear a esta vieja reliquia». He aquí una imagen elocuente de la teoría llamada de la sustitución o del chivo expiatorio. Jesús se habría identificado con nosotros, que somos pecadores, y habría asumido en nuestro lugar (de ahí el término de «sustitución») los castigos que nosotros deberíamos recibir a causa de nuestras faltas. Como se dice, él habría «asumido por los demás». El resultado es que nosotros quedaríamos ahora en paz con Dios. Esta solución, muy extendida en ciertos ambientes fundamentalistas, tiene el mérito de la simplicidad. Pero si se piensa bien presenta graves inconvenientes.

El primero nace de que, rigurosamente, Jesús no ha sido sancionado ni castigado por Dios. Por el mero hecho de que no se castiga más que a los culpables y que Jesús es inocente. Él es «el Santo y el Justo» (Hch 3, 14) por excelencia, de manera que Dios habría sido injusto y cruel infligiéndole un castigo que no merecía en modo alguno.

Segundo inconveniente de esta teoría es que da a entender que hay en Dios un capital de cólera y de venganza, indiferenciado, que tiene que descargar a cualquier precio sobre alguien, da igual quién, justo o injusto. Igual que Esautomátix, Dios, ofendido, tiene necesidad de desahogarse, descargar su cólera sobre alguien. Necesita su ración de sufrimiento humano para apaciguarse. Y esto realmente no corresponde con la imagen de Dios que Jesús mismo nos ha manifestado.

El tercer inconveniente es que en esta concepción el hombre es totalmente pasivo. Todo se juega a puerta cerrada entre el Padre y el Hijo. Nosotros somos perdonados a pesar nuestro, sin ninguna cooperación de nuestra parte. Se comprende que Edadepiédrix, que se revela como un (cripto-)católico consciente de la dignidad de las causas segundas, se indigne e insista: «¡yo también quiero que me peguen!»

En efecto, la Pasión de Jesús no es un acontecimiento pasado del que yo pueda, como buen rentista, contentarme ahora con recoger los dividendos a fin de mes, en mi bautismo o mis confesiones. Hay que evitar aquí dos errores opuestos sobre la redención.

El primero –de tendencia protestante– consiste en pensar que Jesucristo lo ha hecho todo en nuestro lugar. Además, ¿qué podríamos hacer nosotros que estamos descalificados por el pecado? Así todo el asunto se tiene que arreglar entre el Padre y el Hijo. Nosotros no podemos hacer nada, más que agradecer a Jesús haberse interpuesto así.

El segundo –de tendencia pelagiana– pretende que Jesús no ha hecho más que mostrar el camino. Todavía está todo por hacer. Es cada uno de nosotros, por sus propios esfuerzos y la fuerza de sus puños, el que tiene que imitar el comportamiento de Jesús y merecer así ser salvado.

El pelagianismo, que no tiene mucho de cristiano, desconoce obstinadamente el corazón del Evangelio: la primacía absoluta del don de Dios, es decir, de la gracia. Es imposible iniciar un camino de conversión sin antes ser atraído por la gracia y capacitado por ella. «Adonde yo voy no me puedes seguir ahora» (Jn 13, 36), le dice Jesús a Pedro que quería llevar la delantera en lugar de seguir a Cristo, a Pedro que se imaginaba poder dar su vida por Cristo antes que Cristo hubiera dado su vida por él. Volveremos sobre esto. En cuanto al protestantismo, desconoce la realidad de nuestra participación, bajo el influjo de la gracia, en la obra de Cristo. No quiere ver que la gracia de la redención no es un velo extendido sobre nuestras corrupciones, una capa de pintura, sino que nos transforma interiormente y nos hace realmente capaces de cooperar con Cristo y, en dependencia radical de Cristo, en nuestra propia salvación y en la de nuestros hermanos para mayor gloria de Dios. Es cierto que esta «justicia» intrínseca, verdaderamente nuestra, con que nos regala el Espíritu Santo, sigue siendo objeto de fe. Creemos firmemente que Dios nos hace justos, incluso aunque la experiencia dolorosa de la persistencia en nosotros del pecado a veces parece dar apariencia de verdad a la doctrina luterana de la justificación extrínseca.

Este es realmente el sentido de las palabras de Jesús: «por ellos yo me santifico a mí mismo [es decir, ofrezco mi persona en sacrificio], para que también ellos sean santificados en la verdad [es decir, que hagan de su propia vida una ofrenda de amor unida a la mía]» (Jn 17, 19). Era necesario que Cristo, por la ofrenda de su vida, mereciera para nosotros el don del Espíritu Santo. Era necesario que, por su Pasión, fuera derramado sobre la tierra el fuego del Espíritu (Lc 12, 49), para que los creyentes, encendidos por este fuego de caridad, pudieran «presentar vuestros cuerpos como sacrificio vivo, santo, agradable a Dios» (Rm 12, 1). San Agustín, en un sermón para la fiesta de San Lorenzo, destaca bien este vínculo esencial entre la Pasión de Cristo y nuestra propia forma de vida:

> «Y nosotros hermanos, si amamos verdaderamente, debemos imitar. Porque no podemos producir un fruto mejor de amor que mostrarnos también imitadores. "Cristo ha padecido por nosotros y nos ha dejado su ejemplo para que sigamos sus huellas". Con estas palabras parece que para el Apóstol Pedro Cristo ha padecido solamente por aquellos que siguen sus huellas, que la Pasión de Cristo no sirve de nada sino a aquellos que siguen sus huellas»[1].

Jesucristo es realmente el Guía que ha abierto el camino (el único que podía abrirlo), pero es para que nosotros podamos, por Él, con Él y en Él, incorporarnos a su seguimiento. Él es personalmente el grano de trigo que, porque cae en tierra, no se queda solo, sino que «da mucho fruto» (Jn 12, 24). Este fruto son espigas llenas de granos llamados a su vez a caer en tierra para dar fruto abundante.

Así pues Jesucristo ha sufrido *por nosotros*. No *a nuestro lado*, es decir, no solamente *con* nosotros. Una cierta predicación horizontal se contenta a veces con exaltar la «con-pasión» de Jesús en su Pasión. Consolémonos porque Jesús también ha sufrido... Esto lleva incluso a imaginar un sufrimiento compasivo del Padre en unión con el hombre sufriente. Y esto no consigue más que conferir al sufrimiento un estatus cuasi-divino

---

1   San Agustín, *Sermón 304*, c. 2. PL 38, col. 1395-1396.

que lo transforma en fatalidad. Pero, ¿de qué me sirve a mí el sufrimiento de Cristo si no me abre la perspectiva de una salvación que me saque realmente del sufrimiento? ¿De qué me sirve a mí un Dios compadecido pero débil? Aquél en quien yo espero es el Creador, el Todopoderoso, por tanto el Salvador, «el Dios que da vida a los muertos y llama a la existencia a lo que no existe» (Rm 4, 17).

Jesucristo tampoco sufrió *en nuestro lugar*. Ha sufrido por nosotros, para que nosotros podamos sufrir con él y en él un sufrimiento que desemboca en la resurrección, es decir, en una salvación real. Por su Pasión, nos ha merecido la gracia y nos la comunica. Pero esta gracia que viene de Cristo es una gracia que lleva a Cristo y asimila a Cristo. En palabras del cardenal Journet, es una gracia «crística y cristoconformante». Lejos de dispensarnos de la Cruz, nos atrae a ella, porque ella contiene en sí, según las expresiones de Luis Chardon en *La Cruz de Jesús*, como una pendiente o un peso que conduce hacia la cruz. Nos empuja a entrar libremente, conscientemente, en el seguimiento de Cristo, en el misterio Pascual.

Este era el inmenso deseo de San Pablo: «conocerlo a él, y la fuerza de su resurrección, y la comunión con sus padecimientos, muriendo su misma muerte, con la esperanza de llegar a la resurrección de entre los muertos» (Flp 3, 10-11). No hay otro camino para entrar en la vida que tomar parte en la Pasión de Cristo. «Es palabra digna de crédito: pues si morimos con él, también viviremos con él» (2Tim 2, 11). Somos «herederos de Dios y coherederos con Cristo; de modo que si sufrimos con él seremos también glorificados con él» (Rm 8, 17).

> «Por el bautismo fuimos sepultados *con él* en la muerte, para que, lo mismo que Cristo resucitó de entre los muertos por la gloria del Padre, así también nosotros andemos en una vida nueva. [...] Sabiendo que nuestro hombre viejo fue crucificado *con Cristo*, para que fuera destruido el cuerpo de pecado, y, de este modo, nosotros dejáramos de servir al pecado. [...] Si hemos muerto *con Cristo*, creemos que también viviremos con él» (Rm 6, 4-8).

Esta gracia bautismal está dotada de un dinamismo interno que la conduce a extenderse poco a poco al conjunto de nuestra vida para configurarla a la de Cristo. Debe informarlo todo, transfigurarlo todo. Es ella la que da un sentido cristiano a nuestros padecimientos, a nuestros fracasos, nuestras contradicciones, nuestras impotencias, nuestras enfermedades, nuestra vejez y nuestra propia muerte. Ella los convierte en ámbitos donde se nos comunica la vida de Cristo.

¿Por qué, se pregunta santo Tomás de Aquino, el bautismo, que suprime el pecado, no borra también sus consecuencias? Retomando la enseñanza de los Padres de la Iglesia propone tres razones de innegable interés. Primero, constata que un bautismo que diera inmediatamente la resurrección no contribuiría precisamente a purificar la motivación de los catecúmenos. A continuación explica que las consecuencias del pecado permanecen en nosotros en vista al combate espiritual. Un poco como en la Biblia ciertas tribus paganas permanecen en Tierra Santa para mantener a Israel en tensión, con la finalidad de que no se duerma en los laureles (Jer 3, 1-2). Pero la tercera razón es de largo la más decisiva:

«En el bautismo somos incorporados a Cristo y nos convertimos en uno de sus miembros [...]. *He aquí por qué conviene que se realice en el miembro incorporado aquello que se ha realizado en la cabeza.* Sin embargo, Cristo desde su concepción estuvo lleno de gracia y de verdad, pero tenía un cuerpo pasible que por su Pasión y muerte resucita para la vida gloriosa. Esta es la razón por la que el cristiano obtiene en el bautismo la gracia en cuanto al alma, pero hay un cuerpo pasible en el cual puede sufrir por Cristo. Pero que resucitará finalmente para la vida impasible»[2].

Igual que Jesucristo ha asumido libremente por nuestra salvación los *defectus* que eran consecuencia del pecado, así el bautizado, aunque ya justificado, sigue llevando estas consecuencias. Sin embargo, para él, las penas y las miserias de esta vida cambian totalmente de signo. Ahora tienen sentido y valor de satisfacción. Se convierten en el lugar en que se ejerce el amor penitente que quiere reparar lo más posible los daños del pecado. Son como oportunidades para el creyente de asociarse al valor salvífico de la Pasión de Cristo.

En efecto, participando así de la Pasión tomamos parte, en Cristo, en la salvación de nuestros hermanos.

---

2   *STh*. IIIa, q. 69, a. 3.

Ciertamente no añadimos nada al valor objetivo e infinito de la Cruz, pero nos asociamos a ella para que los frutos de gracia que brotan de ella se comuniquen largamente a los hombres. San Pablo tenía una clara conciencia de la fecundidad apostólica de esta participación en los sufrimientos de Cristo «Ahora me alegro de mis sufrimientos por vosotros: así completo en mi carne lo que falta a los padecimientos de Cristo, en favor de su cuerpo que es la Iglesia» (Col 1, 24). O de nuevo un admirable intercambio: «la muerte actúa en nosotros y la vida en vosotros» (2Co 4, 12). Esta fecundidad de los sufrimientos vinculados a la misión es un aspecto esencial de la «paternidad» del Apóstol: «Hijos míos, por quienes vuelvo a sufrir dolores de parto hasta que Cristo se forme en vosotros» (Gal 4, 19).

En esta misma línea el exegeta Richard Bauckham ha mostrado claramente que la gran revelación del Apocalipsis lleva precisamente hacia el papel activo que corresponde a la Iglesia, mediante su participación en la Pasión, en la instauración del Reino universal de Dios. «En la primera etapa de su obra el sacrificio cruento del Cordero ha adquirido para Dios un pueblo. En la segunda etapa la participación de este pueblo en su sacrificio por el martirio gana todos los pueblos para Dios. Es así como llega el Reino universal de Dios»[3]. El testimonio sin reparos de la Iglesia de los mártires, que prolonga el testimonio de Cristo, quien fue «el Testigo fiel» (Ap 1, 5) hasta la muerte, es el medio escogido por

---

3   RICHARD BAUCKHAM, *La théologie de l'Apocalypse*, Paris, 2006, p.118.

Dios, su «estrategia secreta»[4], para conducir a las naciones, a todas las naciones, al arrepentimiento y a la fe en el Dios verdadero.

Esta es la razón del poderoso deseo de martirio que habita en las almas apostólicas. Los herejes cátaros que habían planeado una emboscada a santo Domingo se sorprenden de su calma ante la posibilidad de una muerte violenta:

«"¿Acaso no temes la muerte? ¿Qué habrías hecho si te hubiéramos capturado?" Pero él: "Os habría pedido no causarme en seguida heridas mortales, sino prolongar mi martirio mutilando uno a uno todos mis miembros. [...] De este modo, por una muerte más lenta, merecería mayor corona de martirio". Estas palabras sinceras de un enemigo les dejaron estupefactos».

Pero este deseo del martirio no revela una «devoción privada». Como se ve en la continuación del texto se inscribe en una perspectiva apostólica.

«En cuanto a él, se ocupaba con todas las fuerzas de su celo ardiente en ganar para Cristo el mayor número de almas que le fuera posible. Había en su corazón una ambición sorprendente y casi increíble por la salvación de todos los hombres»[5].

---

4 Ibid. p. 172.
5 JORDÁN DE SAJONIA, *Les origines de l'ordre des Prêcheurs*, nº 34, en: *Saint Dominique et ses frères. Évangile ou croisade, Textes du XIIIe siècle présentés et annotés par M.-H. Vicaire, o.p.*, Paris, 1967, p.75).

Si la configuración con Cristo en su Pasión es el efecto del sacramento del bautismo, encuentra su alimento cotidiano y el motor de su crecimiento en la eucaristía. Participar en la misa consiste realmente en entrar en el dinamismo del misterio Pascual. Consecuencia: la misa es peligrosa. Toda iglesia en la que se celebran los Santos Misterios pasa enseguida al rojo: alerta máxima. Es un gran riesgo exponerse así, sin precaución, a la acción del Santísimo sacramento. La contaminación por fibras de amianto o por los desechos radioactivos es una broma comparada con el poder irradiante de la Eucaristía. Y nos sorprendemos de que el ministerio de sanidad no haya lanzado todavía una campaña nacional de prevención para explicar que cualquiera que participa en la misa está amenazado de cristificación aguda, enfermedad no cubierta por la seguridad social. Corre el riesgo de volverse conforme a Jesucristo, afligido como Él, de una incurable inclinación de amor que le lleva a hacer de su vida una pura ofrenda.

Luego, la Misa no es un espectáculo más o menos conseguido que podríamos observar de lejos o detrás de un cristal blindado con toda neutralidad. Sino que se trata de un espectáculo interactivo en el cual se participa en sus riesgos y peligros. En efecto, ¿qué es la misa sino la acción por la cual Cristo resucitado se hace presente en medio de los suyos y los empuja desde lo más profundo de sí mismos para integrarlos en su ofrenda de amor por la gloria de Dios y la salvación del mundo? Por esto es por lo que no «asistimos» a Misa, «participamos» en ella. Durante la celebración todo mi ser debe vibrar en armonía con lo que pasa realmente sobre el altar. Desde lo profundo del corazón y no desde la punta de los labios debo asociarme a la ofrenda que Jesús hace de su propia vida. Así «[los fieles] aprendan a ofrecerse a sí mismos al ofrecer la Hostia inmaculada no sólo por manos del sacerdote, sino juntamente con él»[6]. Con Cristo yo paso hoy de este mundo al Padre. Escuchemos las palabras que la *Imitación de Cristo* pone en la boca del Señor:

> «Igual que yo me he ofrecido voluntariamente por vuestros pecados a mi Padre: los brazos extendidos sobre la Cruz, el cuerpo desnudo, sin reservarme nada [...]; de igual modo vosotros debéis ofreceros a mí todos los días en el sacrificio de la misa, en hostia pura y santa, desde lo más profundo de vuestro corazón y de todas las potencias de vuestra alma. ¿Qué pido yo de vosotros sino que os abandonéis a mí sin reserva?[7]

Así es como se participa en la misa. Así es como, día a día, comunión tras comunión, nuestra vida se va convirtiendo en aquello que está llamada a ser: una eucaristía, una pura acción de gracias para alabanza del Padre.

---

6 Concilio Vaticano II, *Sacrosantum Concilium*, n 48.
7 *Imitación de Cristo*, libro IV, cap. 8.

7. Por los méritos de Jesucristo

«Por eso, Padre, nosotros, tus siervos, y todo tu pueblo santo, al celebrar este memorial de la muerte gloriosa (*tam beatae Passionis*) de Jesucristo, tu Hijo, nuestro Señor...» (Canon romano). ¡La liturgia es, como mínimo, un oxímoron! Tan bienaventurada Pasión, tan gloriosa muerte. Bienaventurada, la Pasión no lo es precisamente por sí misma, sino por sus efectos: la reconciliación, la salvación, el acceso de los hombres a la gloria. En el corazón de la plegaria eucarística la Iglesia celebra el valor salvífico de la Pasión, el cual se actualiza en la Eucaristía. Pero ¿cómo nos curan los sufrimientos de Cristo en su Pasión (1Pe 2, 24)? ¿En qué sentido, de qué manera, el hecho pasado de la Pasión bajo Poncio Pilato, nos libera hoy del mal multiforme que corroe nuestras vidas? ¿Cómo se convierte en la fuente de nuestra felicidad? O, por decirlo de modo más técnico: ¿cuál es el vínculo de causa-efecto entre la Pasión de Cristo y la gracia de la salvación que me hace vivir hoy la vida propia de los hijos de Dios? Este es el objeto de la cuestión 48 de la Tercera parte de la *Suma de teología*, que constituye el corazón de la teología tomista de la Redención y que será nuestro texto de referencia.

Primeramente descartemos una explicación insuficiente que propuso en su tiempo Pedro Abelardo: la

Pasión actuaría esencialmente en virtud del impacto psicológico que provoca en aquel que la contempla. Efectivamente, contemplando la Pasión de Cristo, comprendo con qué amor soy amado. ¡Éste es el precio que Jesús ha pagado por mí! Y, ¡por mí el Padre ha entregado a su Hijo! Una muestra de amor de este nivel no puede dejar indiferente. Me incita a abandonar mi pecado y a devolver amor por amor. «¿Quién no devolverá amor a quien lo ama así?» (Himno *Cor arca legem* para la fiesta del Sagrado Corazón). ¿No es precisamente contemplando un Cristo atado a la columna, un Cristo flagelado, que se «convierte» santa Teresa de Jesús?

Sin embargo, el impacto psicológico de la Pasión, por fuerte que sea, no es suficiente por sí mismo para dar cuenta de la conversión interior que me abre a la salvación. La Pasión ciertamente es una declaración de amor, pero también es necesario que yo tenga oídos para escucharla. Santa Teresa de Jesús seguramente se habría cruzado con varias imágenes bien expresivas de la Pasión –podemos confiar en el barroco español– y sin embargo, el «clic» no tuvo lugar. Entre los testigos contemporáneos de la Pasión de Jesús hay algunos que, como el buen ladrón o el centurión, se dejan tocar por ella; pero también hay algunos, bastante numerosos, que se quedan tan frescos. Esto prueba que el impacto de la Pasión sólo es eficaz si es preparado y acompañado por el don de una gracia interior, de una moción sobrenatural que dispone el corazón a escuchar esta «palabra de la Cruz». Pero es que esta gracia interior ya es un fruto de la Pasión. Es la obra del Espíritu que ha sido derramado abundantemente sobre los hombres precisamente como consecuencia de la Pasión de Jesús. «Todavía no se había dado el Espíritu, porque Jesús no había sido glorificado» (Jn 7, 39), glorificación que, en san Juan, remite a la elevación en la Cruz. Así pues, la cuestión es: ¿cómo la Pasión nos ha alcanzado el don del Espíritu?

La causa del don del Espíritu, y por tanto de nuestra salvación, es la «acción» de Jesucristo en su Pasión. Y ésta se realiza de dos maneras, que corresponden a los dos aspectos de la mediación sacerdotal que Jesucristo ejerce entre Dios y los hombres.

De un lado, *mediación ascendente*: en nombre de todos los hombres, de los que ha sido constituido Cabeza en virtud misma de su Encarnación, Jesús realiza en su vida terrestre, y especialmente durante la Pasión, actos humanos, libres, que tienen valor de intercesión y que (en cierto modo) «causan» o provocan por parte de Dios el derramamiento de la gracia de salvación. A la entrega radical que Jesús hace de sí mismo corresponde la entrega que el Padre nos hace, por Él, del Espíritu Santo, el Santificador. Esta idea de que la entrega radical de sí mismo a Dios, hasta la muerte, no sólo es fecunda por sí misma, sino que también tiene un valor expiatorio por otros, aparece claramente en los cantos del Siervo de Isaías, así como en esta teología del martirio que es el capítulo 7 del Segundo Libro de los Macabeos. El último de los siete hermanos condenados a muerte por Antíoco declara al respecto:

«Yo, como mis hermanos, entrego mi cuerpo y mi vida por las leyes de mis padres, invocando a Dios para que pronto se apiade de nuestra nación y para que tú, a fuerza de tormentos y castigos, llegues a confesar que él es el único Dios. Que se detenga en mí y en mis hermanos la cólera del Todopoderoso justamente descargada sobre toda nuestra raza» (2Mac 7, 37-38).

Resumiendo las distintas causas de nuestra justificación el Concilio de Trento precisa con autoridad las dos modalidades esenciales de esta mediación ascendente de Cristo: el mérito y la satisfacción.

«El Unigénito muy amado, nuestro Señor Jesucristo, el cual, "cuando éramos enemigos", por la excesiva caridad con que nos amó, nos *mereció* la justificación por su Pasión santísima en el leño de la cruz y *satisfizo* por nosotros a Dios Padre»[1].

De otro lado, *mediación descendente*: Dios hace pasar por la humanidad de Cristo (por su alma, por su Corazón) y luego a través de la Iglesia, su Esposa, y por los sacramentos de la Iglesia, esta gracia de salvación que el mismo Cristo nos ha merecido por su Pasión. El agua que brota de la fuente contiene las propiedades de las diferentes capas geológicas que ha atravesado. Del mismo modo la gracia que me santifica asume las modalidades de las causas que la han conducido hasta mí. Aún más, puesto que el efecto lleva siempre la

---

1 Concilio de Trento, *Decreto sobre la justificación*, cap. 7; DH. 1529.

semejanza de la causa, la gracia, por venir a través de Cristo, de la Iglesia y de los sacramentos, es una gracia cristoconformante (en el sentido de que nos configura con Cristo), eclesial (en cuanto que me une con la Iglesia, Cuerpo de Cristo) y sacramental.

Esta doble mediación de Jesucristo queda admirablemente iluminada en el modo en que el Evangelio de Juan relata la muerte de Jesús. Jesús ofrece libremente su vida en la Cruz (mediación ascendente) y, cuando todo «está cumplido», «entregó el espíritu» (Jn 19, 30) y de su costado abierto brotan el agua y la sangre (Jn 19, 34), símbolo del Espíritu (mediación descendente). Para San Juan realmente Pentecostés ya ha tenido lugar en la Cruz.

Luego es por la actividad de Jesús en la Pasión (ya que su pasividad no puede ser más activa) que somos salvados. Y por eso puede ser útil presentar muy brevemente algunos datos teológicos sobre la naturaleza y el valor propio de las acciones de Jesucristo[2]. El misterio de la operación o del obrar de Jesucristo es la traducción, en el plano dinámico, del misterio de su ser, ya que es un axioma escolástico bien conocido que el obrar sigue al ser, en el sentido de que el obrar es la expansión del ser y como su manifestación. Así somos, así obramos. Sin embargo, la acción tiene dos principios. Por un lado el sujeto concreto que obra (principio *quod*) y, por el otro, la naturaleza en función de la cual el sujeto obra de tal modo y no de otro (principio *quo*).

---

2   Cf. *STh.* IIIa, q. 18-19.

Por ejemplo, cuando Tobi ladra, el principio *quod* es este perro concreto, sarnoso y maloliente, que es Tobi; mientras que el principio *quo* es su caninidad que explica que este sujeto ladre y no maúlle. No es la caninidad la que ladra, sino Tobi en razón de su caninidad.

Sin embargo, nosotros confesamos con el Concilio de Calcedonia (451) «que se ha de reconocer a uno solo y el mismo Cristo Hijo Señor unigénito en dos naturalezas, sin confusión, sin cambio, sin división, sin separación»[3]. Luego Jesucristo, en el plano de la acción, es un solo sujeto o personaje actuante (un solo principio *quod*) a través de dos naturalezas (dos principios *quo*). Una sola raíz pero dos ramas, de las cuales una es natural (la naturaleza divina) la otra injertada (la naturaleza humana con sus capacidades propias de acción). Algo así como un músico que fuera capaz de tocar dos instrumentos a la vez. Por tanto hay que distinguir en este único sujeto actuante que es Cristo, dos operaciones, es decir dos tipos de actividades. Por un lado está el obrar divino, cuyo principio es la voluntad divina del Hijo, que es uno solo con el Padre y el Espíritu; y por el otro lado, el obrar humano, cuyo principio es la voluntad humana de Cristo (contra la herejía del monotelismo que no quería admitir más que una sola voluntad [divina] en Cristo).

Pero estas dos actividades de Cristo –la humana y la divina– no están simplemente yuxtapuestas, como paralelas. El obrar humano de Cristo está enteramente al

---

3 DH. 302.

servicio de su obrar divino. La humanidad de Cristo es realmente instrumento de su divinidad, de modo que lo que Jesús quiere y hace en tanto que hombre está al servicio de lo que él quiere en cuanto que Dios.

«La naturaleza humana, explica santo Tomás de Aquino, tiene una operación propia distinta de la operación divina, y viceversa. Y, sin embargo, la naturaleza divina se sirve de la operación de la naturaleza humana como de la operación de un instrumento suyo; y, del mismo modo, la naturaleza humana participa de la operación de la naturaleza divina, lo mismo que el instrumento participa de la operación del agente principal»[4].

De este modo, el instrumento que es la flauta, al producir sonidos conforme a su naturaleza de flauta, contribuye a producir bajo los dedos del artista la melodía que éste tiene en mente.

Pero hay que tener cuidado en no imaginar la humanidad de Jesús como un instrumento pasivo, inerte, inconsciente, como la flauta. ¡Nada más vivo que la humanidad de Jesucristo! Consideremos, *primo*, que toda acción humana de Jesús depende directamente de su voluntad, ya que, de un lado, su sensibilidad es perfectamente dócil al control de su razón; y que, por otro lado, las leyes de la naturaleza corpórea sólo actúan en Cristo por una disposición voluntaria del mismo[5]. En nosotros hay muchas cosas que escapan al control de la voluntad,

---

4 *STh*. III a., q. 19, a. 1.
5 Cf. *STh*. IIIa, q. 19, a. 2.

de nuestro yo profundo: los reflejos, las primeras reacciones emotivas, los impulsos, los hábitos arraigados... Nuestras acciones y reacciones son a menudo como aviones que despegan por la pista sin haber consultado a la torre de control (la razón)... por su cuenta y riesgo. También somos seres dispersos. Los distintos niveles de nuestra personalidad están lejos de estar unificados y sufrimos esta alienación que nos hace de algún modo extraños a nosotros mismos. Sin embargo todas las acciones y reacciones de Jesucristo han sido libremente queridas o permitidas por Él. Él no sólo elige realizar tal o cual acción, sino que también elige libremente dejarse afectar por la tristeza o el sufrimiento. Jesucristo es el modelo acabado de la perfecta unidad interior de la personalidad. «Mi alma está siempre en mis manos» (Sal 119, 109). Consideremos, *secundo*, que la voluntad de Jesús, que es el principio que unifica toda su realidad humana, se pone totalmente al servicio de su divinidad de modo consciente y libre. No se reserva nada y se somete enteramente a la voluntad de Dios –la voluntad del Padre que se identifica con su propia voluntad divina. «Yo hago siempre lo que le agrada» (Jn 8, 29). Comentario piadoso: todos los efectos de gracia producidos en mí por la mediación de la humanidad de Cristo han sido objeto de una intención del alma de Jesús. Han sido queridos personalmente por Él. Han pasado por su Corazón. «Yo pensaba en ti en mi agonía, yo he derramado esas gotas de sangre por ti»[6].

6 Pascal, *Pensées*, n. 553.

Pero la actividad humana de Jesucristo no es la de un individuo aislado. Comprende mucho más que a Él, ya que es la de la Cabeza de la Iglesia. La noción de mérito está ligada a cierta dimensión comunitaria de obrar. El mérito (o derecho a la recompensa) y su contrario, el demérito u obligación a la pena (*reatus ad poenam*), son datos básicos de nuestra experiencia moral. Aunque su evidencia hoy está algo borrosa por nuestro individualismo radical. En efecto, el mérito supone que lo que yo hago concierne e implica más que a mí mismo. Mi acción, buena o mala, concierne también a las diversas comunidades a las cuales yo pertenezco y de las que soy un miembro. Claramente una comunidad es más que la suma de las partes que la componen. Se define por relación a un bien común que no se reduce en modo alguno a la suma de los intereses particulares de cada miembro. Un monasterio (¡incluso un monasterio de eremitas!) es más que una yuxtaposición de veinte celdas. No lo sería si no hubiera unos lugares comunes (el coro, el refectorio...). No es que cada uno sea propietario o responsable de un veinteavo del coro o del refectorio. Es responsable, a su modo, del conjunto. Pero el bien común no es principalmente de orden material (el buen funcionamiento de las puertas y de las ventanas o la limpieza del refectorio). Sobre todo es de orden moral, es decir teologal. Este bien común espiritual es, antes que nada, la unidad de la comunidad. Cuanta más unidad hay, hay más ser. Cuanto más ser, más bien hay. En el caso de una comunidad cristiana, esta unidad, que define el bien común, está fundada en la caridad. Es la caridad la que teje los vínculos entre cada uno de los miembros y crea la unidad que hace que la comunidad sea tal. Por eso un monasterio es más que la yuxtaposición de veinte caminos de unión a Cristo. En el orden de los medios, esta unidad se procura, por un lado, por la regla común y, por otro, por el superior a cargo de la comunidad. La misión del superior se define así esencialmente por el servicio a este bien común. Pero la preocupación por el bien común no debe ser sólo la prerrogativa del superior; debe ser compartida por todos, cada uno según el lugar que ocupa en la comunidad. Y, repitámoslo, este bien común es principalmente de orden espiritual. Una monja «rentable» que ha hecho funcionar la granja o el taller del monasterio durante cuarenta años pero que, por su edad, debe atender la portería o incluso guardar cama por una enfermedad contribuye tanto como antes, si no más, al bien común de la comunidad que es la caridad. Los verdaderos «pilares» de una comunidad no son siempre los que imaginamos espontáneamente.

No se puede separar el bien común del bien personal, como si se tratara de dos bienes totalmente independientes. En realidad, la propia calidad del bien personal depende de la calidad del bien común. Si a título personal yo he dejado el tabaco, pero vivo en una casa saturada de nicotina, yo padezco, aunque no quiera, sus consecuencias. En una comunidad «relajada», sin dinamismo espiritual, donde el bien común de la caridad se difumina, claro que puede haber «individualidades» valiosas, pero nunca podrán dar lo mejor de sí mismas en este contexto. En resumen, por esta interacción entre bien común y bien particular, nuestros actos, buenos o malos, repercuten necesariamente sobre la comunidad. Acrecientan o disminuyen el bien común.

Por lo tanto, si mi acción tiene un efecto positivo sobre la comunidad, lo justo es que aquel que tiene la responsabilidad del bien común de la comunidad me recompense devolviéndome de alguna manera una parte proporcional del beneficio que yo he aportado al bien común. Por ejemplo, si en el transcurso de mis trabajos de agricultura en el huerto del monasterio, yo desarrollo una semilla particularmente rentable (un platanero que resiste las temperaturas polares), es justo que el ministro de Agricultura reconozca esta contribución al bien común de la humanidad entregándome, como mínimo, la medalla al mérito agrícola.

Y al revés, si por mi mala acción yo he perjudicado a la comunidad, tengo derecho a ser castigado. Digo expresamente el «derecho» porque el castigo emana de mi dignidad de sujeto moral. No se castiga a los animales peligrosos, se les pone en una situación en que no puedan dañar. No se castiga a los niños muy pequeños, se les corrige. El castigo es privilegio de las personas libres y responsables. Ahora bien, mi pecado es como una burbuja de no-ser que introduzco en el universo moral y que lo daña. «Una mosca muerta echa a perder un tarro de perfume» (Eclo 10, 1). Nunca es lícito decir: «¡Yo no hago daño a nadie destruyéndome con las drogas, es mi problema!»; «tengo derecho a las prácticas sexuales contra natura siempre que sea entre personas adultas y que consientan. ¡Es mi vida privada; sólo me implica a mí!» ¡Falso! Porque hago bajar el nivel moral de la humanidad. Socavo el verdadero bien común de la sociedad que es un bien de orden moral. Y si soy cristiano, también mancillo la Iglesia. Esta es una de las razones por las que tengo que confesarme con un sacerdote, ministro de la Iglesia, para reconciliarme con ella, y no solamente con Dios en línea directa. Por mi mala iniciativa he rehusado actuar como un miembro entre los otros. Me he creado un mundo (ficticio) en el que yo soy el centro y que se organiza en función de mis intereses subjetivos. Y al hacerlo he introducido un desequilibrio, una injusticia, en mi relación con el orden moral real, objetivo. El «orden moral» no designa aquí al mal absoluto que atormenta las pesadillas del pensamiento libertario, sino al conjunto de relaciones entre los sujetos morales que componen el universo. Luego la pena se enfoca a restaurar la igualdad en mi relación con el orden moral recolocándome en mi justo lugar. La burbuja de no-ser que he introducido por mi falta debe ser neutralizada o reabsorbida bajo la forma del mal ontológico de la pena que me corresponde. Cuando una empresa que sólo piensa en sus beneficios daña gravemente el equilibrio de la biosfera común por sus emisiones desconsideradas de CO_2 lo normal es que sea sancionada. Es justo que el responsable del bien común imponga una fuerte multa para someter su arrogancia, a la vez que obligue a plantar árboles destinados a reabsorber el exceso de CO_2.

En el orden sobrenatural el bien común es la vida eterna, la comunión con las personas divinas. Pero la vida eterna no es el producto de una actividad humana, como nuestra salud podría ser el resultado de una dieta adecuada. La vida eterna es un don. Pero un don que se realiza en dos tiempos. En un primer momento, Dios nos da una cierta participación en su propia vida: la gracia. Ésta nos hace capaces de «merecer» la vida eterna, es decir, de realizar actos que Dios recompensará en justicia dándonos, en un segundo momento, la «gloria», es decir, la plenitud de la vida eterna.

Así pues la vida eterna es verdaderamente una recompensa que da Aquel que «pagará a cada uno según sus obras» (Rom 2, 6). San Pablo tiene una viva conciencia de esto: «He combatido el noble combate, he acabado la carrera, he conservado la fe. Por lo demás, me está reservada la corona de la justicia, que el Señor, juez justo, me dará en aquel día» (2Tim 4, 7-8). Pero este mismo Pablo, subordinando el valor de la acción humana al primado de la gracia que la suscita y la sostiene, confiesa no menos enérgicamente: «Por la gracia de Dios soy lo que soy, y su gracia para conmigo no se ha frustrado en mí. Antes bien, he trabajado más que todos ellos. Aunque no he sido yo, sino la gracia de Dios conmigo» (1Cor 15, 10). San Agustín lo sintetiza en una fórmula lapidaria, que ha sido tomada para el prefacio de la misa en honor de los santos: «Si los méritos son don de Dios, Dios no corona los méritos como méritos tuyos, si no como sus propios dones»[7].

Todo acto bueno realizado bajo la acción de la gracia, todo acto inspirado por la caridad infundida por el espíritu en nuestros corazones, es agradable a Dios y contiene en sí mismo (y no en virtud de una decisión arbitraria de Dios) un derecho ante el Justo Juez, a esa recompensa que es la vida eterna. Del mismo modo que la flor contiene ya el fruto. Luego el mérito es la cualidad de ciertos actos humanos informados por la gracia que hacen que la vida eterna nos sea de algún modo debida en justicia. Aquí podemos entrever ya la maravillosa estrategia de Dios: ¡nos regala por pura gracia merecer en justicia aquello que quiere darnos! De este modo no somos meros receptores pasivos de asistencia, sino que por gracia cooperamos personalmente en nuestra salvación y la de nuestros hermanos.

Jesucristo mismo, en tanto que verdadero hombre, ha realizado una actividad humana que estaba en perfecta conformidad con la voluntad de Dios. Esta actividad contaba con el apoyo y la animación de una caridad incandescente. Ésta ha sido la fuente del mérito, a la vez para el mismo Cristo y para nosotros, los miembros de su Cuerpo[8]. La gran oración sacerdotal de Jesús en Juan 17 explicita los frutos que Cristo espera de su Pasión. En primer lugar para sí mismo, luego para

---

7 San Agustín, *La gracia y el libre arbitrio*, c. VI, 15.
8 Cf. *STh*. IIIa, q. 19, a. 3-4.

sus apóstoles, y finalmente para todos aquellos que por ellos creerán en Él.

«Y ahora, Padre, glorifícame junto a ti, con la gloria que yo tenía junto a ti antes que el mundo existiese» (Jn 17, 5). Cristo ha merecido para sí mismo no lo que ya poseía (ser Dios o gozar en su alma humana de la visión beatífica de Dios), sino elementos secundarios requeridos para la integridad de la bienaventuranza, a saber, la impasibilidad del alma (el hecho de que el alma no pueda ya sufrir), la inmortalidad del cuerpo o incluso la gloria exterior, es decir, el hecho de ser reconocido por otros por lo que uno realmente es. Pero en virtud de una disposición divina el influjo de la gloria de la visión estaba como suspendido en Cristo durante su vida terrestre, ya que Él no poseía los elementos secundarios de los que acabamos de hablar. Al no poseerlos ha podido merecerlos. La gloria de la resurrección se presenta entonces como el fruto inmanente del abajamiento voluntario de la Pasión: «... por eso Dios lo exaltó sobre todo» (Flp 2, 9). «Todo el que se enaltece será humillado, y el que se humilla será enaltecido» (Lc 14, 11).

Pero Jesucristo no es un individuo como los demás. Como su humanidad es la humanidad del Hijo eterno de Dios, goza de un estatus único que le permite recapitular en sí toda la humanidad y también obrar en nombre de todos los hombres, lo que sería imposible a un hombre simplemente hombre (*purus homo*). Para decirlo en términos teológicos, la gracia capital de Jesucristo (es decir, la gracia de ser para todos los demás fuente de gracia) es una *consecuencia* de la gracia de unión (es decir, la gracia que ha recibido esta naturaleza humana particular –este cuerpo, esta alma...– de ser la humanidad del Hijo de Dios). Por lo tanto, Jesucristo ha sido establecido como Cabeza de la humanidad. Él es el nuevo Adán, y por este título, ha orado y merecido por cada uno de nosotros. Realmente existe una solidaridad «mística» que une a Cristo-Cabeza con los hombres que son (al menos en potencia) miembros de su Cuerpo.

> «Cristo tuvo la gracia no sólo como hombre particular, sino como Cabeza de toda la Iglesia, a la que todos están unidos como los miembros a la cabeza, formando con ellos una sola persona mística. Y de ahí proviene el que el mérito de Cristo se extienda a los demás, por ser miembros suyos, como en un único hombre la acción de la cabeza pertenece, en cierta manera, a todos sus miembros, pues no siente sólo para sí misma, sino para todos los miembros»[9].

En el cuerpo la cabeza no es un miembro como los demás. Todo lo que le concierne y afecta repercute sobre el conjunto del cuerpo. Una buena vista y un buen oído son benéficos para el conjunto del organismo, mientras que una vista deficiente y un oído duro le perjudican gravemente. Del mismo modo, las acciones meritorias de Jesucristo benefician al conjunto del Cuerpo. Jesucristo y la Iglesia, su Esposa, viven en régimen de comunidad de bienes. Todo lo que es del Esposo es de la

---

9 *STh.* IIIa, q. 19, a. 4.

Esposa. Los méritos de Jesucristo constituyen el tesoro al que la Iglesia no deja de recurrir. La Iglesia siempre concluye sus oraciones y sus peticiones recurriendo a la fórmula: «Por Jesucristo tu Hijo, nuestro Señor...». Es consciente de que todos sus bienes, incluidos sus propios méritos, le vienen por los méritos de Cristo.

8. DEL ABISMO DEL PECADO A LA GRACIA DE LA SATISFACCIÓN

> «Si entrega su vida como expiación
> verá su descendencia, prolongará sus años.
> Lo que el Señor quiere prosperará por su mano».

> (Is 53, 10)

Jesucristo nos ha salvado porque Él ha merecido para nosotros ante Dios la gracia del perdón de los pecados y el don de la vida eterna. Los actos de esperanza lo expresan contundentemente: «Espero con firme confianza *por los méritos de Jesucristo* vuestra gracia en este mundo y vuestra gloria en el otro». No obstante, esta explicación de la redención por los méritos de Jesucristo no explicita por qué son precisamente los sufrimientos de la Pasión los que causan nuestra salvación. Efectivamente, todo acto de la vida de Cristo –un simple sobresalto de alegría bajo la acción del Espíritu (cf. Lc 10, 21)– conlleva un mérito superabundante como consecuencia de la caridad infinita que lo inspira. Entonces, si todo acto de Cristo es meritorio, ¿por qué somos salvados por los misterios dolorosos de la Pasión y no por los misterios gozosos o luminosos? ¿Por qué este camino de sufrimiento?

Aquí interviene la idea, hoy controvertida y sin embargo capital, de la satisfacción. Sin embargo, la idea de satisfacción no es de origen bíblico. Viene más bien del derecho romano. Satisfacer consiste en saldar una deuda de un modo distinto al que estaba inicialmente convenido o estipulado. En particular, satisfacer significa tomar medidas suficientes («*satis-facere*»: hacer lo suficiente) para que sea razonable que una deuda quede saldada o una ofensa perdonada. En resumen, para finalizar una situación de conflicto. La satisfacción no significa, al menos en este estadio, una compensación en estricta justicia, sino algo que la reemplaza convenientemente. Supone por parte del agresor una manifestación de buena voluntad y por parte del agredido un deseo de reconciliación. Por ejemplo, si por negligencia e inutilidad he destruido el coche deportivo que mi hermano mayor me había dejado, yo que soy un pobre estudiante sin recursos, no puedo en modo alguno compensar a mi hermano pagando el precio total del coche. Pero, intentando comunicarle el «problema» en las mejores condiciones y satisfacer, le invito a tomar un Big Mac en el McDonald's (resultado no asegurado)... Es esencial comprender que el factor interpersonal es decisivo en la satisfacción. La justicia (incluso la conmutativa) es una virtud humana; nunca de una mecánica de matemáticas puras.

En el cristianismo, esta noción de satisfacción se utilizó primero para dar cuenta del camino penitencial del cristiano. Una parte del sacramento de la penitencia todavía se llama la «satisfacción»[1]. Después la noción se aplicó a la obra misma de Jesucristo. Al ser injustamente odiado, explica por ejemplo san Ambrosio, «satisfacía al Padre por nuestros pecados»[2]. En efecto, el pecado es esencialmente una ofensa, es decir, una herida infligida a Dios, más precisamente al esplendor de su amor. Porque sabemos por experiencia que el amor hace vulnerable. Ofrecer amor a alguien es «abrirle el corazón», es entregarle las llaves de nuestra alma y darle un cierto dominio sobre lo más íntimo de uno mismo. Amar implica arriesgarse a ser herido por la no-correspondencia. Por eso preferimos mantenernos fríos, bien protegidos tras el caparazón, especialmente cuando ya hemos tenido la dolorosa experiencia de una amistad traicionada o de un amor ofrecido y despreciado. Es muy seductora para el hombre de hoy la tentación que sugieren ciertas sabidurías de este mundo: para evitar el sufrimiento, evita toda exposición afectiva que te ponga en dependencia de otros. Sé el único dueño de tu vida.

El pecado es una denegación de amor. Consiste en el desprecio de Dios. El pecado de Judas es una buena muestra de ello. «Judas Iscariote fue a los sumos sacerdotes y les propuso: "¿Qué estáis dispuestos a darme si os lo entrego?". Ellos se ajustaron con él en treinta monedas de plata» (Mt 26, 14-15). Treinta monedas de plata no es ninguna fortuna. Es incluso ridículo: el precio de compensación por un esclavo muerto según la

---

1 Cf. CEC 1459.
2 San Ambrosio, *Enarratio in Psalmo 37*, nº53; PL 14, col. 1056.

ley judía (Ex 21, 32). Muchísimo menos que el precio del perfume que María de Betania derrama sobre los pies de Jesús y que un experto en materia financiera, el propio Judas, valoraba en trescientos denarios (Jn 12, 5). Pero estas treinta monedas de plata dicen mucho; tienen toda una historia que no se le escapa a ese fino conocedor de las Escrituras que es el evangelista san Mateo. Eran los tiempos del profeta Zacarías. Una y otra vez, las ovejas rebeldes de la casa de Israel hacen su capricho. Dios quiere saberlo con certeza. Y les pregunta por medio de su profeta ¿queréis o no que sea vuestro Pastor? Respuesta: «Y contaron mi salario: treinta monedas de plata» (Zac 11, 12). El dinero, como es sabido, es el mejor medio de librarse de los inoportunos con tranquilidad de conciencia. El dinero es neutro, es objetivo, ¡y te evita entrar en una relación de persona a persona! Treinta monedas, he aquí el precio con que Israel valora el amor del Buen Pastor. Por eso el Señor dice Zacarías: «Echa al tesoro el valioso precio en que me han tasado» (Zac 11, 13). Conclusión, esas treinta monedas son el precio del desprecio.

Despreciar a alguien es hacerle entender que no vale mucho. Me comporto hacia esa persona como si fuera transparente, como si no contara, como si no existiera. Ni siquiera la veo. Se confunde con el paisaje y ni siquiera tengo conciencia de que exista como tal. ¡Oh, no le deseo ningún mal! Pero tal vez eso sería mejor, ya que al menos tendría la sensación de existir para mí. Despreciar al prójimo no se da nunca sin un desprecio (al menos implícito) de Dios. Es como decirle al

Creador que se ha equivocado en sus cálculos: «oh, Tú que lo has hecho todo con sabiduría, tendrías que haberlo pensado dos veces antes de llamar a Fulano a la existencia. ¡Qué falta de gusto, Señor!» El desprecio del prójimo es exactamente lo contrario de la alabanza que debería nacer en nosotros ante toda obra de Dios: «Alabado seas Señor por todas tus maravillas, y por fulano en particular!» Dios se manifiesta a Job como aquel que hace «que llueva en las tierras despobladas, en la estepa no habitada por el hombre; para que empape el desierto desolado» (Job 38, 26-27). Incluso aquello que a primera vista parece un despilfarro irracional tiene su razón de ser en el plan de Dios. Nada es superfluo. Nadie está de más.

Pero volvamos al pecado. Es desprecio de Dios. Porque por el pecado yo le muestro más o menos discretamente a Dios que no tiene mucho peso en mi vida. Que su amistad, apreciable por supuesto, para mí sólo tiene un valor muy relativo en vista de que hay muchas más satisfacciones inmediatas y tangibles. El principio de la ciudad terrena –aquella que se edifica contra Dios– es «el amor de sí hasta el desprecio de Dios»[3]. Porque cada vez que escojo mis pequeños placeres en lugar de las llamadas de la caridad, cada vez que antepongo mis planes personales a la voluntad de Dios, cada vez que me comporto como si yo mismo fuera el centro del mundo y el único amo de mi vida, desprecio a Dios, niego el valor de su amor. Y este desprecio no

---

3   San Agustín. *La Ciudad de Dios*, XIV, 28.

es una idea, una abstracción. Se plasma de forma muy concreta en Jesús tal y como lo contemplamos en su Pasión «despreciado y evitado de los hombres [...] ante el cual se ocultaban los rostros» (Is 53, 3). El rechazo de Jesús en su Pasión es como el sacramento negro, el signo visible de todos nuestros desprecios a Dios.

Entonces, ¿cómo reconectamos con aquel a quien tanto hemos despreciado? ¿Cómo reconciliarnos con Dios? Santo Tomás de Aquino es categórico: «la ofensa sólo puede borrarse con amor»[4]. Luego, –y ésta es la definición precisa de la satisfacción– «satisface aquel que muestra al ofendido algo que ama igual o más que aborrece el otro la ofensa»[5]. El valor de la satisfacción se toma, por lo tanto, de la intensidad del amor que la mueve (y no –al menos no directamente– de la «cantidad» de pena o sufrimiento). «En la satisfacción se tiene en cuenta la caridad y benevolencia de quien satisface»[6]. La mejor reparación para este rechazo a amar que es el pecado es un amor aún mayor que aquel que se denegó en primer lugar.

Este acto de amor que satisface es inseparable del aborrecimiento del pecado cometido. Sobre todo porque cuanto más crece en mí el amor de Dios, más consciente soy del horror del pecado, de la gravedad de este acto de «des-creación» que introduce el no-ser en la creación. A veces nos sorprendemos, incluso nos

---

4   CG, l. III, c. 157.
5   *STh*. IIIa, q. 48, a. 2.
6   CG. l. IV, c. 55.

avergonzamos, por la «delicadeza» de los santos que se consideran como los peores pecadores y se duelen de aquello que nosotros consideramos simplemente como pecadillos. Tranquilizamos nuestra conciencia considerándolos escrúpulos que ciertamente les honran, pero, al fin y al cabo, escrúpulos desproporcionados... Pero ellos son los que tienen razón porque, gracias a la fe, ven las cosas desde el punto de vista de Dios. Sin embargo Dios (y mi confesor) tiene la delicadeza de no manifestarme toda la gravedad del mal que he cometido más que a la luz del perdón ofrecido. Me revela la profundidad de mi miseria sólo en la medida en que soy capaz de soportarla, es decir, en la medida en que me permite verla a la luz de su infinita misericordia. Centrar la mirada interior sobre el propio pecado sin considerar al mismo tiempo la misericordia infinita de Dios sería producto de una lucidez demoniaca y fría y mortal. Abriríamos así la puerta al peor de los pecados: la desesperación. Pero, la realidad es que los estigmas de Jesús son gloriosos y victoriosos; la herida que he infligido al Corazón de Jesús sólo se me muestra en el resplandor de la misericordia. En el siglo XII, a Pedro Lombardo le preocupaba el hecho que, en el juicio final, los santos vieran su alegría algo comprometida por la revelación pública de los pecados que habían cometido. ¡A nadie le gusta ver todas las vilezas que hemos tenido cuidado de esconder bajo la alfombra difundidas por todo el mundo a través de la red! Por el contrario santo Tomás piensa que entonces los santos verán sus pecados en la luz de la misericordia de Dios que les ha perdonado y esto acrecentará su alegría[7].

Pero ¿qué significa aborrecer el pecado cometido? No es aborrecerse a sí mismo (este aborrecimiento implicaría mucho amor propio herido). Tampoco es sumirse en reproches estériles y soñar con recomenzar la historia.

«Dolerse del pasado con la intención de que el pasado no haya existido es una tontería. Pero no es esto lo que pretende el penitente, sino que su dolor es desagrado y reprobación de lo ocurrido en el pasado con la intención de eliminar las consecuencias, o sea, *la ofensa de Dios y el débito de la pena*. Y esto no es ninguna tontería»[8].

Luego la satisfacción comporta dos elementos. En lo esencial es un acto de amor. Nos desvincula del pecado que hemos cometido. A partir de ahora prefiero a Dios, y, optando de algún modo por Dios, me desvinculo de mi falta que aborrezco. En un único movimiento borra la ofensa hecha a Dios. Secundariamente, pero no de manera opcional o accidental, la satisfacción es una obra «penal» destinada a restablecer el orden (el conjunto de relaciones justas entre las personas que mi pecado había perturbado y herido). La satisfacción es pues un acto de amor que se encarna en una obra de reparación. Es un acto de caridad que informa una obra de justicia penal.

---

7   *STh*. Supl, q. 87, a. 1, ad 3.
8   *STh*. IIIa, q. 85, a. 1, ad 3.

Mi pecado introduce un desorden en el orden moral: es necesario que este desorden sea anulado, reabsorbido. El invitado que por propia iniciativa se había adjudicado el primer lugar, se ve obligado para su mayor vergüenza a retroceder, no sólo hasta la mitad de la mesa donde le correspondería, sino hasta el último puesto (Lc 14, 9). Así el orden perturbado se restablece sea por el castigo o por la satisfacción. ¡Pero qué diferencia entre lo uno y lo otro! En primer lugar, el castigo va directamente contra la voluntad explícita del que es castigado. El ladrón encarcelado *no quiere* estar recluido entre cuatro paredes. La pena satisfactoria contraría sin duda el deseo inmediato de aquel que satisface. En sí prefiero saborear un estofado de liebre acompañado de un Saint-Emilion antes que masticar mi pan seco acompañado de agua mineral. Pero a diferencia del castigo la satisfacción es libremente asumida por amor y con el deseo de reparar. Además nadie puede ser castigado en el lugar de otro. Se cometería una terrible injusticia. Por el contrario, una persona puede satisfacer por otra en tanto que es uno solo con ella por el amor. Ésta era, se dice, la práctica del Cura de Ars que a veces tomaba sobre sí la penitencia que ponía a sus penitentes. Pero sobre todo es lo que ha hecho Jesucristo en beneficio de todos los hombres. Y que exclusivamente Él podía realizar.

Decíamos que la ofensa sólo se borra con amor: «el amor cubre las ofensas» (Prov 10, 12). Pero el efecto propio del pecado (mortal) es precisamente cerrarnos al amor. El pecado seca en nosotros la fuente de la caridad.

Así que nos hace perder la gracia, que es lo único que nos haría capaces de amar y entonces satisfacer por nuestros pecados. Consecuentemente, la salvación sólo puede venir de afuera. Mientras una persona está enferma, conserva en sí ciertos recursos vitales capaces de contribuir, con otros factores, al restablecimiento de su salud; pero una vez muerta, la resurrección, si la hay, sólo puede venir de una causa externa. El pecador en estado de pecado mortal es incapaz de salir por sí mismo del avispero en que se ha metido. Necesita imperativamente un libertador.

En efecto, el pecado es una verdadera esclavitud. «Todo el que comete pecado es esclavo» (Jn 8, 34). ¿Cómo entenderlo? El hombre libre es aquel cuya acción nace de su interior. Cuanto más del interior nace una acción más libres somos. Porque nuestra acción brota de distintos niveles de profundidad. Así, desde la periferia hacia el centro, en primer lugar están los «tics», incontrolables, que más que elegirlos se nos imponen. Después vienen las reacciones epidérmicas de la sensibilidad, etc. En el nivel más profundo se encuentran las elecciones deliberadas de la voluntad. Cuanto más vivo en la periferia de mí mismo, más sometido estoy a los factores externos que determinan mi acción y soy menos libre. El esclavo es aquel que está obligado a trabajar para otro. No tiene ni la iniciativa ni el fruto de su trabajo. Está «alienado». Es otra persona (*alius*) quien mueve los hilos y lo utiliza para sus propios fines. Igual sucede con el pecado (y con Satanás que es su instigador). Nos aliena, nos convierte en extraños a nosotros mismos. Cuando yo peco, mi acción (aunque libre) no viene de lo más profundo de mí.

¿Y cómo me he convertido yo en esclavo? ¿Cómo he permitido a otro tener poder sobre mi vida y manipularme a su gusto? Permitiendo crearse en mí una zona sobre la cual mi yo profundo no tiene verdadero dominio. Me explico. A mi sobrina, desde que tenía algunos meses, le gustaba morderse los dedos de los pies. Admito tener ciertas dificultades para practicar este tipo de operaciones. Con la edad el cuerpo se vuelve rígido y la flexibilidad va disminuyendo. Adquirimos «pliegues». Igual sucede en el plano moral, ¡excepto que aquí no es inevitable! Se crean hábitos, adicciones, «dependencias» (morales y psicológicas) que poco a poco adquieren consistencia y oponen una sorda resistencia a la voluntad. Sí, en un primer momento, nuestra voluntad profunda las reprueba y sufre esta división interior. «En efecto, no entiendo mi comportamiento, pues no hago lo que quiero, sino que hago lo que aborrezco. [...] Ahora bien, no soy yo quien lo hace, sino el pecado que habita en mí. [...] ¡Desgraciado de mí!» (Rm 7, 15-24). Pero lo peor es cuando cesa el conflicto. Es el signo de que me he rendido y de que las adicciones se han convertido ya en una segunda naturaleza.

Estas dependencias conciernen generalmente a lo que me procura un cierto placer fisiológico o psicológico: la comida, el sexo, el tabaco o el alcohol, los juegos, la informática... Pero también la mentira, la duplicidad, la ambición. La presunción es la gran culpable de esta auto-reducción a la esclavitud. Santo Tomás lo vio muy claro:

«Pues el hombre cuando peca una vez cree poder contenerse después de pecar. Mas sucede todo lo contrario. Porque por el primer pecado se debilita y se hace más propenso al pecado. Y el pecado le domina más; y cuanto es en sí se coloca en tal situación de no poder levantarse, a no ser por el poder divino, como quien se tira a un pozo»[9].

Nos creemos suficientemente listos para flirtear con lo prohibido, Para tantear la cosa sin entregarse a ella en cuerpo y alma. ¡Sólo una vez! ¡Sólo un vaso! ¡Sólo un clic! Pero rápidamente la trampa se cierra. Reconozco que me gusta mucho por la noche leer una buena novela policíaca: muchas muertes, pocos conceptos. Relaja. Pero tengo la firme resolución de, en cuanto empiece la Cuaresma, pasar a una lectura más edificante. Bastará un poco de buena voluntad y un pequeño esfuerzo. Pero en la noche del Miércoles de Ceniza, apenas he leído algunos párrafos de los muy edificantes *Soliloquios inflamados sobre el corazón paternal de san José* por la M. Josefina de las Cinco Llagas, OCD, empieza a germinar en mí una atracción compulsiva por Agatha Christie. Es como quien se divierte haciendo rodar bolas de nieve desde la cima de la montaña. Al principio todavía le es fácil controlar la trayectoria, pero en cuanto la bola de nieve toma volumen, peso y, por tanto, velocidad, se convierte en una avalancha

---

9 Santo Tomás de Aquino, *In Symbolum Apostolorum expositio*, a. 4.

que lo destroza todo. *Confer* la trágica experiencia del capitán Haddock en *El Templo del Sol.*

Por lo tanto la sensatez dicta que mantenga la guardia y detenga lo más pronto posible el desarrollo de estas dependencias. En primavera, los dulces céfiros transportan por el aire todo tipo de granos diminutos, unos buenos y otros menos buenos. Algunos acaban su trayecto en tu huerto recién escardado, desherbado y sembrado. Es inevitable. Excepto poniendo el huerto bajo cristal. Dicho esto, cuando los granos vagabundos empiezan a germinar, el hortelano se lo mira dos veces. Si el joven brote anuncia una planta útil o bella, entonces, todo contento, ¡la riega! Pero si anuncia una mala hierba, fétida e invasiva, entonces la arranca sin tardar, antes de que la mala hierba haya extendido sus raíces, aunque sea necesario levantar la mitad del suelo para extirparla. Por lo tanto necesitamos velar atentamente a la puerta de nuestro corazón para que no entren más que los invitados honestos.

Al convertirnos en extraños a nosotros mismos la esclavitud del pecado hace de nosotros instrumentos en las garras de Satanás. Nos hace trabajar para él. De acuerdo con la propia lógica de su pecado el pecador se encuentra insertado, sin darse cuenta, en un plan perverso que en cierto modo le sobrepasa. En efecto, el demonio es experto en conseguir el máximo rendimiento del pecado personal del hombre. Destaca por tramar y conspirar, es decir, en organizar de modo inteligente y sistemático para un fin determinado las consecuencias de nuestros pecados personales. Trabaja para hacer concurrir hacia el mayor mal posible los males parciales que tienen su origen en nuestra debilidad o nuestra estupidez. Así, el diablo imita a la Providencia divina que todo lo hace concurrir para bien de los que aman a Dios (cf. Rm 8, 28). Por eso, a veces, un pecado pequeño tiene consecuencias incalculables. La actitud torpe o brusca de un sacerdote (que de por sí no es más que un pecado venial o una imperfección) puede conducir a una persona a alejarse de la Iglesia o incluso a rechazar a Cristo. Una broma de mal gusto puede crear un clima nocivo favorable a multitud de pecados contra la caridad.

En cualquier manera, la esclavitud del pecado significa que el pecador es incapaz de salir por sí mismo de la situación en que, no obstante, se ha colocado voluntariamente. Me corresponde sólo a mí lanzarme por el tobogán, pero una vez lanzado ya no me corresponde pararme, excepto si la naturaleza me ha dotado, fenómeno bastante extraño en la especie humana, de ventosas dorsales... El célebre barón de Münchhausen proyectaba sacarse a sí mismo de las arenas movedizas ¡tirando de su propio pelo! Pero está claro que sólo una persona que tengan los dos pies bien apoyados en tierra firme puede sacarme del pantano en que me hundo irremisiblemente. Tras el pecado el hombre no puede salvarse solo; necesita irremediablemente un redentor. Sólo Cristo puede arrancarnos de la espiral del pecado y de la esclavitud de Satanás.

San Agustín describe a través de su propia experiencia la angustia del hombre esclavo del pecado y su liberación por Cristo. Convencido, tras largas investigaciones de la verdad del cristianismo, Agustín todavía está atrapado en las redes de la sensualidad, lo que a menudo es el castigo humillante del orgullo. Es incapaz de romper con su amante a la vez que ve «intelectualmente» la absoluta necesidad de hacerlo.

«El enemigo estaba hecho dueño de mi voluntad y había formado de ella una cadena con la cual me tenía estrechamente atado. Porque de haberse la voluntad pervertido, pasó a ser apetito desordenado; y de ser éste servido y obedecido, vino a ser costumbre; y no siendo ésta contenida y refrenada, se hizo necesidad como naturaleza. De estos como eslabones unidos entre sí se formó la que llamé cadena, que me tenía estrechado a una dura servidumbre y penosa esclavitud. Y aquella nueva voluntad que comenzaba yo a tener de serviros graciosamente y gozar de Vos, Dios mío, que sois el único y verdadero gozo, no era bastante fuerte todavía para vencer la otra voluntad primera, que con el tiempo se había hecho robusta y poderosa. Así, estas dos voluntades, una antigua y otra nueva, aquélla carnal, esta otra espiritual, batallaban entre sí, y con discordia disipaban y destruían a mi alma. [...] En vano me deleitaba en vuestra ley con mi alma, que es el hombre interior, porque otra ley que reside en los miembros corporales repugnaba y contradecía a la ley de mi espíritu y me llevaba cautivo a la del pecado, la cual estaba en los miembros de mi cuerpo. Porque ley es del pecado la fuerte violencia de una costumbre que arrastra y sujeta al alma a pesar suyo, en justa pena de haber ella caído voluntariamente en aquella costumbre. Pues hallándome en tan miserable estado "¿quién me había de librar del cuerpo de esta muerte, sino vuestra divina gracia por los méritos de Jesucristo Señor nuestro?" (Rm 7, 22-25).»[10]

¿Cómo ha sido arrancado de esta esclavitud desesperante? Por la fuerza del amor. Ya Virgilio observaba con un gran realismo psicológico: «Todo el mundo se mueve por placer (*trahit sua quemque voluptas*)». Para arrancarnos de la esclavitud de los sentidos hace falta una alegría mayor, una *delectatio victrix* (un «placer vencedor»). Sólo un amor más fuerte que el amor que nos encadena a las criaturas puede arrancarnos de la órbita del pecado y atraernos a Dios. Este amor es la caridad.

«"Nadie viene a mí sino ese a quien el Padre atraiga" [Jn 6, 44], no pienses que se tira de ti a la fuerza: también el amor tira del ánimo. No debemos temer que [...] nos critiquen y se nos diga: "¿Cómo creo con la voluntad si se tira de mí?". Yo digo: "Poco es con la voluntad; incluso el placer tira de ti. ¿Qué significa que el placer tira de uno? "Deléitate en el Señor y te dará las peticiones de tu corazón" [Sal 37, 4]. Hay cierto placer del corazón para el que es dulce el pan celeste. Además, si a un poeta fue lícito decir: "Su placer tira de cada cual" –no la necesidad, sino el placer; no la obligación, sino la delectación–, ¿con cuánta más fuerza debemos nosotros decir

10 SAN AGUSTÍN, *Confesiones*, libro VIII, capítulo V, 10-12, trad. Eugenio Ceballos, Espasa-Calpe, Colección Austral 1199, Buenos Aires, 1965.

que hacia Cristo se tira del hombre que se deleita en la verdad, se deleita en la dicha, se deleita en la justicia, se deleita en la vida sempiterna, todo lo cual es Cristo? En verdad ¿acaso los sentidos del cuerpo tienen sus placeres y el ánimo es abandonado por sus placeres? Si el ánimo no tiene sus placeres, ¿por qué se dice: "Ahora bien, los hijos de los hombres esperarán bajo la cubierta de tus alas, se embriagarán de la fertilidad de tu casa y les darás a beber con el torrente de tu deleite, porque en ti está la fuente de la vida y en tu luz veremos la luz" [Sal 36, 8-10]? Presenta tú uno que ame y entenderá lo que digo. Presenta un deseoso, presenta un hambriento, presenta uno desterrado y sediento en esta soledad, y que suspira por la fuente de la patria eterna, presenta uno así y sabrá qué digo»[11].

La enseñanza sobre la necesidad de una iniciativa divina para arrancar al hombre de la órbita del pecado es capital para la vida espiritual. Muestra que el prejuicio persistente, que en el fondo es semipelagiano, según el cual Dios esperaría a que nosotros diéramos un primer paso de arrepentimiento y reparación para luego poder volver a amarnos, no tiene ningún fundamento. La satisfacción no es la condición del perdón divino. Justo al revés, es precisamente porque Dios ya nos ama que nos entrega a su Hijo, gracias al cual podemos reparar nuestras faltas superabundantemente. La iniciativa de la redención viene de Dios solo. Antes que ser una obra

---

11 San Agustín, *Comentarios sobre el Evangelio de san Juan*, trat. XXVI, 4, en augustinus.it.

de justicia por parte del hombre es fundamentalmente una obra de misericordia por parte de Dios. San Agustín lo muestra admirablemente:

«¿Qué quiere decir "reconciliados por la muerte de su Hijo" [Rm 5, 10]? ¿Es que Dios Padre, airado contra nosotros, vio la muerte reparadora de su Hijo y se aquietó su ira contra nosotros? ¿Acaso el Hijo se había ya reconciliado con nosotros, hasta dignarse morir por nosotros, mientras el Padre aún humeaba en su furor y sólo se aplacaba a condición de que su Hijo muriera por nosotros? ¿Qué es lo que en otro lugar dice el mismo Doctor de los Gentiles cuando escribe: "¿Qué diremos, pues, a estas cosas? Si Dios está por nosotros ¿quién contra nosotros? El que no perdonó a su propio Hijo, sino que por todos nosotros lo entregó, ¿cómo no nos ha de dar con Él todas las cosas?" [Rm 8, 31-32]? ¿Por ventura, si el Padre no estuviera aplacado al no perdonar a su Hijo, lo entregaría por nosotros? ¿No parece esta sentencia contradecir a la anterior? Muere, en la primera, por nosotros el Hijo, y el Padre se reconcilia con nosotros por su muerte; en ésta, como si el Padre ya nos amase antes, no perdona por nosotros a su Hijo y Él mismo lo entrega por nosotros a la muerte. Pero yo veo en el Padre un amor de prioridad. Nos amó no sólo antes de morir su Hijo por nosotros, sino antes de la creación del mundo, siendo de esto testigo el mismo Apóstol cuando dice: "nos eligió en Él antes de la constitución del mundo" [Ef 1, 4]. El Hijo, a quien el Padre no perdona, es entregado, pero no contra su voluntad, pues de Él está escrito: "me amó y se entregó a sí mismo por mí" [Gal 2, 20]»[12].

Esta es la desconcertante doctrina de la primacía absoluta de la gracia, que tanto nos cuesta asimilar y pasar a lo concreto de nuestra vida, porque nos pilla a contrapelo. Como cuando en la época de Elías, los profetas de Baal se hacían cortes según su costumbre hasta derramar sangre y gritaban a quién más con la esperanza de atraer la atención de su dios (1Re 18), nosotros nos agotamos haciéndonos los interesantes con la esperanza de atraer la atención de Dios y de merecer su amor. Pero no sabemos dejarnos amar gratuitamente. Queremos ser amados, claro, pero quisiéramos merecerlo y no ser amados «porque sí», gratuitamente. Esta gratuidad es un terrible escozor para nuestro orgullo. Significa que Dios no es el espejo ni el distribuidor automático de recompensas que tanto nos gustaría tener en frente, sino que Él es Dios, es decir, Aquel que no se define en función de mí, sino Aquel en función de quien yo me defino. En pocas palabras, una cosa es la tentativa absurda de querer «causar» el amor de Dios y obtener un «derecho a ser amado»; y otra cosa muy distinta es la voluntad de responder al amor con amor. El deseo de reparar es parte de esta respuesta.

Todos los actos de Jesucristo son actos de amor, pero los sufrimientos de su Pasión y la ofrenda de su vida en sacrificio en la Cruz muestran, además de forma particularmente adaptada, la dimensión penal y reparadora

---

12 San Agustín, *La Trinidad*, l. XIII, cap. 11, 15, en augustinus.it.

de este amor. De modo que Jesucristo, al llevar hasta el final las penas de nuestro pecado (la soledad, el sufrimiento, la muerte...), ha satisfecho en superabundancia por todos nuestros pecados.

> «Cristo, al padecer por caridad y por obediencia, presentó a Dios una ofrenda mayor que la exigida como recompensa por todas las ofensas del género humano. Primero, por la grandeza de la caridad con que padecía. Segundo, por la dignidad de su propia vida ofrecida como satisfacción, puesto que era la vida de Dios y del hombre. Tercero, por la universalidad de su Pasión y por la grandeza del dolor asumido»[13].

Por lo tanto Dios no sólo nos ha manifestado su misericordia tomando la iniciativa de perdonar nuestros pecados y reconciliarnos con Él, sino que también, desbordante de misericordia, lo ha hecho de una manera particularmente respetuosa y delicada con nosotros. Realmente nos ha hecho capaces, por Cristo y en Cristo, de satisfacer en justicia por nuestros pecados, es decir, de cooperar a la re-creación del mundo dañado por el pecado. La Redención es la obra maestra en que confluyen la misericordia y la justicia.

A diferencia de san Anselmo de Canterbury, santo Tomás de Aquino estima que la Pasión de Cristo no era la condición *sine qua non* para el perdón de nuestros pecados. Dios habría podido, sin injusticia ninguna, saldar pura y simplemente nuestra deuda porque el

---

13 *STh.* IIIa, q. 48, a. 2.

pecado en cuanto tal sólo le perjudica a Él. Perdonar la ofensa es prerrogativa exclusiva de la persona que ha sido ofendida. ¡Yo no tengo ningún derecho a perdonar en lugar de otro! En cuanto a la pena, para nosotros ciertamente es una exigencia de la justicia que se impone incluso a aquel que perdona. Una directora de escuela puede tranquilamente perdonar los disgustos personales que le ha supuesto la negligencia profesional de una maestra y renovarle su amistad y su confianza, pero también debe en justicia exigir reparaciones porque el bien común del colegio está en juego. Y la directora es responsable de ese bien común objetivo; no puede disponer sobre él porque no se reduce a su bien personal. Pero Dios mismo es en persona el Bien común del universo moral. Por eso todo atentado contra el orden moral es, en último término, una ofensa hecha a Dios. Toda falta moral, incluso si sólo implica directamente la relación con los demás o conmigo mismo, es un pecado contra Dios, lo sepamos o no, lo queramos o no. Pero es también la razón por la que Dios, y solo Dios, tiene el poder de perdonar los pecados sin exigir ninguna reparación en justicia. Tomando una bella fórmula de la liturgia latina (actualmente la colecta del domingo 26 del tiempo ordinario), santo Tomás puede concluir:

«La omnipotencia de Dios se manifiesta en grado sumo perdonando y apiadándose, porque la manera de demostrar que Dios tiene el poder supremo es perdonando libremente los pecados, ya que quien está sometido a la ley de un superior no es libre para perdonar los pecados»[14].

Luego si la Pasión no era estrictamente necesaria para la salvación de la humanidad y, sin embargo, Dios ha preferido este medio antes que otro para reconciliarnos con Él, ¡es que debía tener una idea concreta en mente! Tenía buenas razones, razones de alta conveniencia, para obrar así y no de otra manera. Y, de hecho, al pensarlo, comprendemos que este modo de librarnos del pecado por la satisfacción obrada por Cristo destaca prevalentemente la grandeza de la dignidad del hombre. Supongamos a un joven monje aprendiz de cocina que, por un error garrafal, permite que se queme la comida de Pascua de su comunidad. Su responsable puede decirle: «Largo de aquí, patoso, y déjame a mí» y, mal que bien, soluciona el problema, de modo que el aprendiz no tenga que recibir un tirón de orejas del padre abad ni sea linchado por la comunidad para quien la Cuaresma amenazaba con alargarse indebidamente. Pero, ¿esta actitud hace progresar al aprendiz? Ciertamente no. Si por el contrario el responsable manteniendo la calma se pone junto a su aprendiz, le provee de nuevos ingredientes y le da las indicaciones necesarias para reparar por sí mismo el error, el bien resultante es mayor: no sólo la comunidad tendrá con qué celebrar dignamente la Resurrección, también el aprendiz de cocinero habrá recuperado la confianza en sí mismo.

14 *STh.* Ia, q. 25, a. 3, ad 3.

Sucede algo semejante en el misterio de la Redención. Los Padres de la Iglesia lo predicaron de todas las maneras posibles. Es el hombre el que ha sido vencido por Satanás. Luego es el hombre (primero Jesucristo y a continuación todos los que son de Cristo) quien debe vencer a Satanás. Un himno litúrgico para la Ascensión canta: «*Culpat caro, purgat caro*». La carne comete el pecado, la misma carne lo purga. El hombre es, por Cristo y en Cristo, admitido a cooperar activamente en su propia salvación. Concretamente es capacitado para convertir en realidad el deseo que habita en el corazón de quien se ha reconciliado con el amigo al que había ofendido: reparar el mal cometido. Por la satisfacción toma parte en la lucha de Dios contra el mal que desfigura su obra, contribuye a la restauración de la creación caída y a la venida del Reino.

«La liberación del hombre por la Pasión de Cristo convino tanto a la misericordia como a la justicia divinas. A la *justicia* porque mediante su Pasión Cristo satisfizo por los pecados del género humano, y así fue liberado el hombre por la justicia de Cristo. A la *misericordia* porque, no pudiendo el hombre satisfacer de suyo por el pecado de toda la raza humana [...] Dios le dio a su Hijo como satisfactor, conforme al pasaje de Rom 3, 24-25: "Todos han sido justificados gratuitamente por su gracia, mediante la redención realizada en Cristo Jesús, a quien Dios ha puesto como instrumento de propiciación por la fe en él". Y esto fue una obra de misericordia mayor que si hubiese perdonado los pecados sin satisfacción. De donde en Ef 2, 4-5 se dice: "Dios, que es rico en misericordia, por el excesivo amor con que nos amó, estando nosotros muertos por los pecados nos vivificó con Cristo"»[15].

Resumiendo, la satisfacción es un acto de caridad que comporta una dimensión penal, dolorosa, destinada a reparar el desorden introducido por el pecado. En nombre de todos los suyos, Jesucristo ha ofrecido a Dios en la Cruz una satisfacción superabundante que basta para borrar todos los pecados y sus consecuencias, y para restablecer al hombre en la plena comunión con Dios. Dios habría podido salvarnos sin reparación, pero es más conforme a su respeto por la dignidad humana, y por eso mayor gloria suya, que estos pudieran, en Cristo, cooperar a su propia salvación.

---

15 *STh*. IIIa, q. 46, a. 1, ad 3.

9. LOS ACTORES DEL DRAMA

En la Pasión, todo el mundo entrega a Jesús. El verbo griego *paradidomai*, que se traduce por *tradere* en latín y por «entregar» en español es omnipresente. El complemento directo del verbo «entregar» es Jesús, el Hijo del hombre, pero ¿cuál es el sujeto? ¿Quién entrega a Jesús? Judas, por supuesto, es el traidor, el «entregador» (cf. Mc 3, 19; 14, 10. 11.18. 21.42). El mismo Pilatos «lo *entregó* para que lo crucificaran» (Mc 15, 15). Pero también, con otras intenciones, el Padre «no se reservó a su propio Hijo, sino que lo *entregó* por todos nosotros» (Rm 8, 32). A todo esto hay que añadir que Jesús en la cruz «*entregó* el espíritu» (Jn 19, 30), del mismo modo que la víspera de su Pasión había «dado» su Cuerpo (Lc 22, 19).

Santo Tomás de Aquino ha consagrado toda una cuestión de la Suma Teológica (IIIa, q. 47) a lo que él llama «la causa eficiente de la Pasión», es decir, a los actores de la Pasión, aquellos que, a diferentes niveles intervienen en el drama de la Pasión. ¿Quiénes son? Y sobre todo ¿cuáles son sus motivaciones? «El acto de entregar por parte del Padre, el acto de entregar por parte del Hijo, el acto de entregar por parte de Judas: es un solo y mismo acto. Pero ¿qué diferencia hay entre el Padre que entrega a su Hijo, el Hijo que se entrega a sí mismo, y Judas, el discípulo que entrega a su maestro?». Se pregunta san Agustín, y responde: «Ésta: que el Padre y el Hijo lo hacen por caridad, Judas lo hizo por traición»[1]. Comentando Gal 2, 20 («se entregó por mí»), santo Tomás de Aquino precisa: «El mismo Hijo se entregó a sí mismo; y que el Padre entregó al Hijo [Rm 8,32]; y Judas lo entregó, como se dice en Mateo 26 [48]. Y en todo esto hay una sola cosa pero no una sola intención, porque el Padre lo hizo por caridad, el Hijo por obediencia y a la vez con caridad, y Judas por codicia y traidoramente»[2].

Examinaré, *primo*, la acción de los enemigos de Jesús; *secundo*, el papel del Padre; *tertio*, el libre ofrecimiento por amor del Hijo encarnado.

LOS ENEMIGOS DE JESÚS

El Evangelio de Juan deja claro que el enemigo número uno de Jesús y, por lo tanto, el primer responsable y culpable del mal que es en sí la Pasión no es otro que Satanás. Satanás está decidido a impedir el advenimiento del Reino en Jesús. No quiere ese mundo nuevo en el que él no es el centro. A modo de ejemplo, tal y como una «obertura» musical que contiene ya los temas que serán desarrollados en la obra, desde el principio de la vida pública de Jesús, en el desierto, Satanás intenta desviar al Hijo de su misión orientándolo hacia un éxito puramente terrenal. Y si Jesús impone

---

1 San Agustín, *Comentario a la primera epístola de San Juan*, trat. VII, 7. SC 75.
2 *Ad Gal*, c. 2, lect. 6, en clerus.org.

silencio a los demonios que lo confiesan como el Santo de Dios, es porque así difunden entre los hombres una idea falsa, «triunfalista», de la misión del Mesías (cf. Mc 1, 24-25). Así se entiende mejor que Jesús llame Satanás al pobre Simón Pedro cuando quiere apartarle de la Pasión (Mc 8, 33).

La Pasión es la hora de Satanás, «la hora del poder de las tinieblas» (Lc 22, 53). En el momento en que Judas deja el cenáculo y arranca la maquinaria infernal que conduce directamente a la muerte de Jesús «era de noche» (Jn 13, 30), destaca san Juan. Es el *kairós* de Satanás, que san Lucas anunciaba desde el fracaso de las tentaciones: «Acabada toda tentación, el demonio se marchó hasta otra *ocasión* [*kairós*]» (Lc 4, 13). En la Pasión Satanás da rienda suelta a su naturaleza homicida (Jn 8, 44). En concreto, el Evangelio de Juan se complace en subrayar la acción invisible pero determinante de Satanás en la Pasión. Él es quien manipula y mueve los hilos. Él pone en el corazón de Judas Iscariote –él mismo llamado *diábolos* (Jn 6, 70)– la determinación de entregar a Jesús (Jn 13, 2); incluso entra en él (Jn 13, 27).

Pero en verdad la Pasión es más bien la hora de Cristo, en la que Satanás es atrapado en su propia trampa. Porque en la debilidad de la Pasión, Jesús se revela en verdad como el «más fuerte»: «Cuando un hombre fuerte y bien armado guarda su palacio, sus bienes están seguros, pero, cuando otro más fuerte lo asalta y lo vence, le quita las armas de que se fiaba y reparte su botín» (Lc 11, 21-22). Por eso, en el momento de comenzar la Pasión, Jesús proclama: «Ahora va a ser juzgado el mundo; ahora el príncipe de este mundo va a ser echado fuera» (Jn 12, 31). De hecho, cuando Jesús sea elevado sobre la tierra se convertirá en nuestro intercesor, nuestro abogado, ante el Padre (1Jn 2, 1; Heb 7, 25); mientras que «fue precipitado el acusador de nuestros hermanos, el que los acusaba ante nuestro Dios día y noche» (Ap 12, 10). Esta victoria de Cristo, *Christus victor*, sobre Satanás, liberando a aquellos que él tenía cautivos –«hemos salvado la vida como un pájaro de la trampa del cazador: la trampa se rompió y escapamos» (Sal 124, 7)– es una de las primeras manifestaciones del misterio de la Redención.

Aunque los actores humanos del drama son manipulados por Satanás no por eso tienen menos responsabilidad como instrumentos libres. En primer lugar están los jefes del pueblo judío, a los que santo Tomás llama los *majores*, los «grandes». El Sanedrín, es decir, el consejo supremo del pueblo judío, compuesto por tres grupos (sumos sacerdotes, ancianos y escribas), está claramente en el origen del arresto de Jesús, de su remisión a las autoridades romanas, de la presión ejercida sobre la multitud para obtener su condena... Las motivaciones de este comportamiento son múltiples y variadas. Tal vez las más nobles sean las motivaciones «religiosas». Son signo de una concepción demasiado humana de la religión, que no ha perdido nada de su actualidad ni de sus riesgos. Por un lado al misterio de Jesús, el Emmanuel, Dios-con-nosotros, los judíos contraponen una cierta idea de la trascendencia de Dios.

«Los judíos le contestaron: "no te apedreamos por una obra buena sino por una blasfemia: porque tú, siendo un hombre te haces Dios"» (Jn 10, 33). Estando Dios en el Cielo no puede estar en la tierra. Pero esta idea de la trascendencia es demasiado limitada. La realidad es que, según la bella fórmula de Benedicto XVI, «Dios es tan grande que puede hacerse pequeño» (homilía en la Misa del Gallo, 2005). En efecto, esta proximidad de Dios que se manifiesta en la Encarnación nos hace sentir incómodos. Tal vez preferiríamos guardar mejor las distancias, no tanto por sentido de la trascendencia de Dios, como por deseo de preservar nuestra independencia. Por otro lado, el rechazo de Jesús por los jefes del pueblo judío subraya que ningún grupo, ningún individuo, está a salvo de la tentación de estancarse en una etapa determinada de la vida espiritual. Cuando he alcanzado un cierto equilibrio y tengo la impresión de más o menos «dominar» mi relación con Dios, la gran tentación es instalarme, mientras que el Señor me invita a tener en cada momento disponibilidad a la apertura a su constante novedad: «Rema mar adentro» (Lc 5, 4). La resistencia de aquellos que deberían haber sido los mejor preparados para recibir al Mesías es una terrible advertencia sobre la necesidad de permanecer vigilantes en nuestra relación con Dios.

También puede ser que entre algunos miembros del Sanedrín esté la voluntad de preservar la «nación» (cf. Jn 11, 50), es decir, un modo determinado de organización social y política que ellos identificaban con la fe de Israel. Tentación que seguimos padeciendo, aunque sepamos perfectamente que la Iglesia no se identifica nunca con una nación determinada. Pero, ¿acaso no tenemos tendencia a vincular el Reino de Dios a una forma particular de cultura cristiana, por rica que sea, con el riesgo de faltar a la llamada de Dios a «ir a las naciones», a abrir el Evangelio a otras culturas?

Finalmente también hay motivaciones subjetivas mezquinas. El mismo Pilato «sabía que los sumos sacerdotes se lo habían entregado por envidia» (Mc 15, 10).

Para santo Tomás de Aquino el grado de responsabilidad de los diferentes actores de la Pasión se mide por el conocimiento que pudieran tener de la naturaleza de sus actos. Para él, los *majores* sabían perfectamente que Jesús era el Mesías. Por contra, ignoraban que este Mesías era Dios en persona. «Si lo hubiesen conocido, nunca hubieran crucificado al Señor de la gloria» (1Cor 2, 18). Luego no son formalmente «deicidas». Sin embargo, más severo de lo que seríamos nosotros hoy, que conocemos mejor el peso de los condicionamientos culturales, santo Tomás considera que esta ignorancia de la divinidad de Jesús era una ignorancia afectada, y por tanto culpable: los jefes del pueblo no quisieron creer los signos que manifestaban la divinidad de Jesús. En cuanto a los *minores*, es decir, el pueblo llano ignorante de las Escrituras, no conocería ni la divinidad ni el mesianismo de Jesús, aunque intuían algo. Los evangelistas estigmatizan la volubilidad del pueblo que pasa sin mucha transición del «hosanna» entusiasta del Domingo de Ramos al «crucifícale» del Viernes Santo. Más indulgente aquí, santo Tomás considera que el pueblo ha sido engañado y seducido por los *majores* y por tanto su pecado es menor. De cualquier modo el comportamiento de las muchedumbres judías es una invitación, no tanto a meditar sobre la poca importancia de la estima popular –la Roca Tarpeya está cerca del Capitolio[3]–, como a hacer un serio examen de conciencia sobre la manera en que algunas veces, sea por inconsciencia, por superficialidad o por dejadez, «seguimos la corriente» y participamos en el linchamiento o la marginación de una persona o de un grupo, sin tener ninguno de los elementos necesarios para juzgar.

La responsabilidad de los paganos en la muerte del Justo es menor, estima santo Tomás[4], que aquella de los judíos, porque ignoraban tanto el mesianismo de Jesús como *a fortiori* su divinidad. Sin embargo al entregar por motivos políticos espurios a un hombre a quien sabía inocente Pilato es más culpable que los soldados que, por su parte, no hicieron más que ejecutar una orden.

Nos queda el caso de Judas. Sin duda ¡sólo Dios sabe (además de la verdad del asunto) el número y la sutileza de las hipótesis propuestas para explicar, o sea, justificar, sus actos! En el *Evangelio según Pilato* (2000), el novelista Eric-Emmanuel Schmitt llega a imaginar que Judas, discípulo predilecto de Jesús, aceptando la

---

3 Traducción directa de una expresión latina que significa que quien consigue de improviso una posición elevada social, o profesionalmente, está muy expuesto a perderla de manera brusca (N del T).

4 *STh*. IIIa, q. 47, a. 4.

petición del Maestro, habría aceptado sacrificarse traicionándolo para permitirle completar su misión... Los evangelistas en cambio no se andan con chiquitas. Desde el principio esgrimen los motivos más sórdidos: a Judas le mueve el atractivo de la recompensa. ¿Acaso no es un ladrón (Jn 12, 6)? Entre las hipótesis actuales, que sean históricamente plausibles y teológicamente interesantes, esta la que ve en Judas un «zelote» decepcionado que decide provocar a Jesús para que actúe, poniéndolo entre la espada y la pared. Supone que Jesús acorralado por sus adversarios manifestará por fin su poder mesiánico y así restaurará por la fuerza el reino de Israel. En resumen, él también prefiere sus propias elucubraciones sobre la salvación de Israel por la acción revolucionaria al proyecto, insensato pero divino, de una salvación por la Pasión.

Pero elevémonos por encima de los pequeños e irrisorios tejemanejes humanos para alcanzar las causas profundas de la Pasión, ya que la Pasión es en primer lugar el don que el Padre nos hace de su propio Hijo. «Tanto amó Dios al mundo que entregó a su Unigénito» (Jn 3, 16). En expresión de San Pablo, lo ha «entregado por nuestros pecados y resucitado para nuestra justificación» (Rm 4, 25), cumpliendo de esta manera la profecía del Siervo (Is 53; traducción de los LXX): «El Señor lo *entregó* a nuestros pecados», «su vida fue *entregada* a la muerte» y Él «cargó los pecados de muchos y fue *entregado* por causa de nuestros pecados».

DIOS ENTREGÓ A SU UNIGÉNITO (JN 3, 16)

La iniciativa de la salvación por la Pasión del Hijo nace del Padre. «Dios mismo estaba en Cristo reconciliando al mundo consigo, sin pedirles cuenta de sus pecados» (2Cor 5, 19). La propia estructura de la liturgia de la misa expresa bien este aspecto del misterio, así, en la eucaristía, es ciertamente Jesús quien se da, pero el don que Jesús nos hace de sí mismo es en su origen un don del Padre. «Es mi Padre el que os da el verdadero pan del cielo [...] el que da vida al mundo» (Jn 6, 32-33). Por eso la oración postcomunión se dirige siempre al Padre para agradecerle este don excelente que nos ha hecho en Jesús, el Pan vivo.

¿Cómo comprender esta «entrega» del Hijo por el Padre? En el cuerpo del artículo 3 de la cuestión 47, santo Tomás distingue tres sentidos según los cuales podemos decir que el Padre ha entregado a su Hijo.

Primo, el Padre habría podido intervenir para librar a su Hijo de la acción de los malvados. No lo hace. Deja hacer. De acuerdo con el Hijo que no pide nada: «¿Piensas tú que no puedo acudir a mi Padre? Él me mandaría enseguida más de doce legiones de ángeles. ¿Cómo se cumplirían entonces las Escrituras que dicen que esto tiene que pasar?» (Mt 26, 53-54). Es con relación a esta no-intervención del Padre que santo Tomás entiende el grito de Jesús en la Cruz: «Dios mío, Dios mío, ¿por qué me has abandonado?» (Mt 27, 46): «Aquí "abandonar" no significa otra cosa que no proteger de los perseguidores»[5].

Secundo, en su sabiduría (en la que el creyente puede y debe intentar a la luz de la fe descubrir sus razones y su insondable riqueza) el Padre ha escogido libremente hacer pasar la salvación de los hombres por la Pasión de Jesús. Luego ha querido la Pasión de Cristo. Pero cuidado, también hay que precisar en qué sentido ha querido el Padre la Pasión. No ha querido ni la muerte de su Hijo como tal, ya que «Dios no se complace destruyendo a los vivos» (Sab 1, 13), ni el pecado de aquellos que lo han matado, aunque haya permitido lo uno y lo otro, es decir, que ha escogido no impedirlos. Por el contrario, el Padre ha querido positivamente el *acto supremo de amor* del Hijo con ocasión de la maldad de los hombres. No ha querido un mal (la condena a muerte del justo) para que de él salga un bien (el acto supremo de amor). Pero ha convertido en bien un mal que él no había querido aunque sí había permitido. Del mismo modo, mientras no se pruebe lo contrario, los médicos no quieren los accidentes de tráfico y no buscan provocarlos, pero cuando se producen, sacan de estas desgracias el mayor partido posible extrayendo de las víctimas los órganos que, una vez trasplantados a otros, aseguran su supervivencia. «Usar de la malicia de otros, de la que no somos autores, para un buen fin es el fruto de una muy alta sabiduría»[6]. En Jesús se realiza aquello

---

5   *STh.*, IIIa, q. 50, a. 2, ad 1.
6   *In Sent.*, 1, III, d. 20, a. 5, qc. 1, ad 4.

que había sido anteriormente anunciado a través de las pruebas del patriarca José, que al final declaraba a sus herma: «Vosotros intentasteis hacerme mal, pero Dios intentaba hacer bien, para dar vida a un pueblo numeroso como hoy somos» (Gen 50, 20).

Tertio, el Padre ha entregado a su Hijo inspirándole la libre voluntad de dar su vida por nosotros. No lo ha forzado a la muerte. No lo ha entregado contra su propia voluntad, lo que sería impío y cruel, sino que ha solicitado eficazmente la donación por amor de su persona.

«[Dios] no se reservó a su propio Hijo, sino que lo entregó por todos nosotros» (Rm 8, 32). En la Pasión, al aceptar que su Hijo, su Unigénito, su muy Amado, sea humillado de este modo y llevado a muerte según la carne, el Padre manifiesta la misma generosidad que él mismo suscitó y que admiró en el corazón de Abraham: «por haber hecho esto, por no haberte reservado tu hijo, tu hijo único, te colmaré de bendiciones» (Gen 22, 16-17). Jesús, por su parte, es el nuevo y verdadero Isaac. Como Isaac, es atado (Gen 22, 9; Jn 18, 12). Como Isaac lleva por sí mismo el madero del sacrificio (Gen 22, 6; Jn 19, 17). Como Isaac, después de la prueba, será devuelto a su padre. Pero antes, si hay que creer la tradición judía, Abraham e Isaac, que «caminaban juntos» (Gn 22, 6), no sólo caminaron al mismo paso, sino también, con un mismo corazón, hacia el altar del sacrificio. Isaac sabe realmente lo que le espera y consiente con todo su ser filial.

EL LIBRE OFRECIMIENTO DEL HIJO

«Nadie me quita la vida, declara Jesús, sino que yo la entrego libremente» (Jn 10, 18). La tradición cristiana, desde los Evangelios, ha insistido con fuerza en el carácter libre y plenamente voluntario de la Pasión de Jesús, prefigurada por el libre ofrecimiento del Siervo sufriente en Isaías:

> «Al entregar su vida como expiación, verá su descendencia, prolongará sus años; lo que el Señor quiere prosperará por su mano. [...] Le daré una multitud como parte, [...] *porque expuso su vida a la muerte* y fue contado entre los pecadores, él tomó el pecado de muchos e intercedió por los pecadores» (Is 53, 10. 12).

Jesús no sólo no rehúye las consecuencias de su predicación y consiente en la Pasión, sino que incluso parece desearla: «Lo que vas a hacer, hazlo pronto» (Jn 13, 27) le dice a Judas. Sí, «con un bautismo tengo que ser bautizado, ¡y qué angustia sufro hasta que se cumpla!» (Lc 12, 50). Parece que Jesús busca la Pasión, tanto con su comportamiento «provocador», cuando la toma con las instituciones religiosas esenciales de entonces, como el Templo o el *Sabbat*; como por su decisión de no esconderse más y subir a Judea y a Jerusalén (cf. Jn 11, 7-8).

Santo Tomás de Aquino explica que, desde el punto de vista de la causalidad directa, la muerte de Jesús debe ser atribuida a sus perseguidores y verdugos: sus acciones estaban de suyo dirigidas –y muy intencionalmente– a procurar su muerte. Pero, continúa, desde el punto de vista de la causalidad indirecta, Cristo ha sido causa voluntaria de su propia muerte, que Él ha escogido y querido. En primer lugar porque habría podido impedir, desplegando su propio poder divino, que sus enemigos quisieran su muerte, y también que consiguieran llevar a cabo su proyecto criminal, pero no lo hizo. A continuación, porque el alma de Cristo, debido a su unión a la divinidad, tenía el poder de preservar el cuerpo que animaba de las consecuencias de toda agresión exterior y, especialmente, de la muerte. Únicamente cuando Él lo ha querido –tras haber «gritado con voz potente» (Mt 27, 50), lo cual, según santo Tomás, es prueba del pleno vigor de su organismo– que Cristo ha permitido voluntariamente que la violencia que padecía ejerciera su efecto ordinario sobre su cuerpo y llevara a su propia muerte. La muerte de Cristo es pues más voluntaria que la muerte de un mártir[7].

Pero, ¿qué es lo que ha empujado a Jesús a dejarse vencer por el sufrimiento y la muerte? Dos motivos que son uno solo: la obediencia y la caridad porque, como dice santo Tomás, «también por obediencia cumplió los preceptos de la caridad, y por caridad obedeció al Padre que lo mandaba»[8].

«Hecho obediente hasta la muerte» (Flp 2, 8). En sentido amplio obedecer consiste en ponerse a disposición, a hacerse «todo oídos». La etimología griega y latina de obediencia remite a la escucha: *hupo-akouo*;

---

7 *STh*. IIIa, q. 47, a. 1.
8 *STh*. IIIa, q. 47, a. 2, ad 3.

ob-audire. En sentido preciso, la obediencia designa la puesta en acción del precepto o el mandato de un superior. Está intrínsecamente ligada a la humildad y ésta es su primera manifestación. Obedeciendo reconozco concretamente que no soy el centro del mundo y el único señor de mis destinos. La Pasión es un acto de obediencia en tanto que Cristo recibe del Padre el mandato, que evidentemente no tiene nada de precepto arbitrario, de dar su vida por nuestra salvación: «Tengo poder para entregar la vida y tengo poder para recuperarla: este mandato he recibido de mi Padre» (Jn 10, 18) y en el momento de entrar en su Pasión explica: «es necesario que el mundo comprenda que yo amo al Padre, y que, como el Padre me ha ordenado, así actúo» (Jn 14, 31). Pero la Pasión es también un acto de obediencia en la medida en que cumple en plenitud todos los mandamientos de aquella Ley antigua que expresaba la voluntad de Dios: «Todo está cumplido» (Jn 19, 30). Tradicionalmente en la ley de Moisés distinguimos tres tipos de preceptos: los preceptos morales, los preceptos ceremoniales y los preceptos judiciales. Pues bien, en su Pasión, Jesucristo lleva a su plenitud todos los preceptos morales, ya que es la obra de más alta caridad, que contiene y resume toda la ley moral (cf. Rm 13, 10). Igualmente, la Pasión cumple todos los preceptos ceremoniales o litúrgicos: los preceptos ceremoniales eran, de hecho, figuras y anuncios del sacrificio perfecto y definitivo de la Cruz, y como acto de obediencia la Pasión contiene y resume la esencia misma del culto: «La obediencia vale más que el sacrificio, y la docilidad, más que la grasa de carneros» (1Sam 15, 22).

Finalmente, cumple también todos los preceptos judiciales en la medida en que se presenta como un acto de Justicia, más precisamente de satisfacción.

Así pues somos salvados por la obediencia de Jesucristo: «Así como por la desobediencia de un solo hombre todos fueron constituidos pecadores, así también por la obediencia de uno solo, todos serán constituidos justos» (Rm 5, 19). La obediencia de Jesús, manifestación en su humanidad de su radical dependencia del Padre en la comunión trinitaria, anula la desobediencia de Adán.

Pero, más radical aún que la obediencia es la caridad que inspira la donación que Jesús hace de sí mismo y que le confiere todo su valor. «Dos cosas han empujado a Jesús a padecer la muerte: el amor a Dios y el amor al prójimo»[9]. Amor al Padre: Jesús acepta la Pasión porque «es necesario que el mundo comprenda que yo amo al Padre» (Jn 14, 31). Amor a los hombres: «Nadie tiene amor más grande que el que da la vida por sus amigos » (Jn 15, 13); «Vivid en el amor como Cristo os amó y se entregó por nosotros a Dios como oblación y víctima de suave olor » (Ef 5, 2). Jesucristo está sediento –«*sitio*» (Jn 19, 28)– tanto de hacer la voluntad del Padre como de salvar a los hombres, ya que estas dos intenciones de amor son una sola: desear la salvación de los hombres implica desear la gloria de Dios y viceversa. «He bajado del cielo no para hacer mi voluntad, sino la voluntad del que me ha enviado. Esta es la

---

9 *In Ioh.*, c. 14, lect. 8.

voluntad del que me ha enviado: que no pierda nada de lo que me dio» (Jn 6, 38-39).

Esta caridad que actúa en la Pasión manifiesta la unidad entre la voluntad del Padre y la voluntad humana del Hijo. Los dos quieren lo mismo. Miran al mismo fin. Luego el Padre no fuerza al Hijo a la Pasión, pero actúa sobre la voluntad humana del Hijo abrasándolo en el fuego de caridad que hace que, espontáneamente, libremente, Jesús abrace el deseo que tiene el Padre de salvar a los hombres y elija dar su vida con este fin. Es más, la caridad que arde en el Corazón de Jesús remite a la acción del Espíritu Santo que infunde el amor de Dios en los corazones (Rm 5, 5). En Hebreos 9, 14, se dice que Cristo «en virtud del Espíritu eterno [ciertas versiones dicen: del Espíritu Santo], se ha ofrecido a Dios como sacrificio sin mancha». Santo Tomás comenta: «La razón por la que Cristo ha derramado su sangre, es el Espíritu Santo. En efecto, es bajo su moción y por su inspiración, que es la caridad hacia Dios y el prójimo, que lo ha hecho». Este tema, que deja entrever la dimensión trinitaria de la obra redentora, está en el corazón de la magnífica y venerable oración que el sacerdote recita antes de comulgar: «*Domine Iesu Christe, Fili Dei vivi, qui ex voluntate Patris, cooperante Spiritu Sancto, per mortem tuam mundum vivificasti...* (Señor Jesucristo, hijo de Dios vivo, que por voluntad del Padre y cooperando el Espíritu Santo, diste con tu muerte la vida al mundo...)».

Pero, al sacrificar de este modo a su propio Hijo por nuestra salvación, ¿no manifiesta Dios su lado más oscuro? El viejo La Pérouse está convencido: «El diablo y Dios son una sola cosa; están de acuerdo [...]. Y, ¿sabe usted qué es lo más horrible?... Sacrificar al propio hijo para salvarnos. ¡Su hijo! ¡Su hijo!... La crueldad es el primer atributo de Dios»[10]. ¿Entonces es Jesús un medio sacrificado por el Padre en vistas a un fin más amado? Un poco como el digno canónigo que atacado por un perro tan sarnoso como anticlerical prefiere, para preservar la integridad de su pantorrilla, sacrificar su dignidad eclesiástica en una carrera desesperada. Al menos en esta circunstancia muestra que prefiere esta integridad que su dignidad. Nada parecido en el misterio de la Redención. Al revés, por muy paradójico que parezca, es por amor al Hijo que el Padre le confía la misión de dar su vida por la salvación de los hombres. El Padre quiere para Jesús la perfección máxima, la vida más alta: el don de sí. Por eso apela al amor. «Escuché la voz del Señor que decía: "¿A quién enviaré? ¿Y quién irá por nosotros?". Contesté: "Aquí estoy, mándame"» (Is 6, 8). Los padres que permiten a su hija entrar al Carmelo no «sacrifican» su hija a Dios o a la Iglesia: quieren para ella lo mejor, es decir, que ella se entregue totalmente a Dios por amor. Se cuenta que en el campo de batalla de Loigny, donde en 1870 los zuavos pontificios se enfrentaron a los prusianos, el fuego enemigo se concentraba sobre aquel que enarbolaba el estandarte del Sagrado Corazón. Cuando Bouillé padre es herido de muerte, de forma muy espontánea transmite el estandarte a su hijo, designándolo así para una

---

10 André Gide, *Los monederos falsos*, III, 18.

muerte próxima... ¿Habría amado más a su hijo si hubiera «desviado» sobre otro el sacrificio? ¿Habría querido lo mejor para él? ¿No es el don de sí la plenitud de la vocación de la persona humana?

Con santo Tomás, miremos las cosas desde arriba, con la perspectiva de una «metafísica del don». Todo ser tiene una inclinación natural hacia su propio bien, es decir, su plena realización, sea para adquirirla (si no la tiene), sea para disfrutarla (si ya la tiene). Pero incluso más profundo que este dinamismo, santo Tomás percibe en todo ser una inclinación natural para comunicar su propio bien en la medida que lo posee. Cuanto más perfecto es un ser en acto, más tiende a hacer participar a nosotros de su perfección. «Irradia» una especie de superabundancia gratuita. Así, en el plano de las relaciones humanas, más profundamente que el amor absorbente, que es el signo de nuestra imperfección, de nuestra naturaleza necesitada, está el amor oblativo, que es el signo de una cierta perfección ya poseída y gratuitamente comunicada. Por eso, en el corazón mismo de todo ser rige una ley de generosidad que define, en su origen, el misterio mismo de la causalidad como comunicación del ser. El bien, decía Dionisio el Areopagita en una fórmula clásica, tiende a comunicarse; es difusivo de sí (*bonum diffusivum sui*). Santo Tomás precisa: «todo agente, en cuanto está en acto y es perfecto, hace lo semejante a él»[11]. En el orden de la biología, el signo de que un animal ha alcanzado

11 *STh.*, Ia, q. 19, a. 2.

su madurez es la capacidad de reproducirse. Pero en el orden propiamente espiritual, este dinamismo de comunicación de sí se realiza de forma libre: toma la forma de la donación, expresión suprema del amor.

En consecuencia, amar es hacer ser, es dar, es darse. En las puras criaturas este dinamismo fundamental está claramente presente, pero de algún modo camuflado o parasitado por la búsqueda concomitante de su propio bien. La acción de una criatura mezcla inseparablemente búsqueda de sí y don de sí. Pero, en Dios, que es la perfección subsistente, que no tiene necesidad de nada para ser plenamente Él mismo, el amor no es nada más que donación. Así, al ofrecer su vida por amor, el Hijo encarnado realiza en su más alto grado la perfección propia del hombre según el corazón de Dios.

10. Getsemaní o la voluntad de Dios

Hay dos posibilidades al contemplar una vidriera. Podemos mirarla desde el exterior o desde el interior. Desde fuera no se ve mucho más que una amalgama de cristales y plomo, cuya lógica y sentido se nos escapan. Pero desde dentro, especialmente con la iluminación del sol radiante, la vidriera se muestra como lo que realmente es: resplandor de belleza, hechizo de colores, encarnación de un misterio. De igual forma, hay dos modos de mirar la Pasión de Jesús. Vista desde el exterior Jesús aparece como el juguete de los acontecimientos, la víctima totalmente pasiva de una mecánica implacable que lo atrapa y lo aplasta: «El Hijo del hombre va a ser entregado en manos de los pecadores» (Mc 14, 41) que lo tratan a su arbitrio. Pero hay otra mirada, más profunda más verdadera, sobre la Pasión. Una mirada desde el interior. A la luz viva de la Eucaristía. Porque la Eucaristía del Jueves Santo es la clave del Viernes Santo, el código que permite descifrar su significado real. Es el sol que transfigura la Pasión y la hace aparecer como lo que es en verdad: el acto del amor extremo. «Nadie me quita la vida, había declarado Jesús, sino que yo la entrego libremente» (Jn 10, 18). Por eso, la víspera de la Pasión, para prevenir cualquier malentendido, Jesús descubre a sus discípulos cuál es el sentido de su muerte: «Tomad, comed: esto es mi cuerpo»; «esta es mi sangre de la alianza, que es derramada por muchos para el perdón de los pecados» (Mt 26, 26.28). Bajo la apariencia tan realista y cruel de un hombre entregado, vendido, perdido, que sube penosamente el camino del suplicio, está en verdad el gran sacerdote de la alianza nueva y eterna que sube resueltamente al altar de la Cruz para ofrecer en él el sacrificio que salvará al mundo.

Hay otras dos escenas evangélicas que tienen un papel análogo al de la institución de la Eucaristía, que es el de mostrar anticipadamente el sentido de la Pasión. Se trata en primer lugar del lavatorio de los pies. En Jn 13, este acto por el cual Jesús «imita» la Pasión, se humilla y se convierte en servidor de sus hermanos, sustituye de alguna manera la institución de la Eucaristía. Además, en el Evangelio de san Lucas, en el corazón mismo de la Cena, tras la institución de la Eucaristía y antes de la salida hacia Getsemaní, se inserta una discusión acerca de la verdadera grandeza, que concluye por una palabra de Jesús evocando directamente el lavatorio de los pies y desentraña el sentido mismo de la Pasión: «Yo estoy en medio de vosotros como el que sirve» (Lc 22, 27). El otro episodio evangélico que da la clave de la Pasión es el pasaje de la agonía de Jesús en el huerto de los olivos:

«Llegan a un huerto, que llaman Getsemaní, y dice a sus discípulos: "Sentaos aquí mientras voy a orar". Se lleva consigo a Pedro, a Santiago y a Juan, empezó a sentir espanto y angustia y les dice: "Mi alma está triste hasta la muerte. Quedaos aquí y velad". Y, adelantándose un poco, cayó en tierra y rogaba que, si era posible, se alejase de él aquella hora; y decía: "¡Abba!, Padre: tú lo puedes todo, aparta de mí este cáliz. Pero no sea como yo quiero, sino como tú quieres". Vuelve y, al encontrarlos dormidos, dice a Pedro: "Simón ¿duermes?, ¿no has podido velar una hora? Velad y orad, para no caer en tentación; el espíritu está pronto, pero la carne es débil". De nuevo se apartó y oraba repitiendo las mismas palabras. Volvió y los encontró otra vez dormidos porque sus ojos se les cerraban. Y no sabían qué contestarle. Vuelve por tercera vez y les dice: "Ya podéis dormir y descansar. ¡Basta! Ha llegado la hora; mirad que el Hijo del hombre va a ser entregado en manos de los pecadores. ¡Levantaos, vamos! Ya está cerca el que me entrega"»[1].

El pasaje de Marcos, que nos sirve aquí de referencia, presenta como dos polos, entre los cuales se efectúa un vaivén constante, incluso en el sentido topográfico del término. Por un lado, está el lugar, «algo más lejos», en que Jesús está solo rezando y donde siente «espanto y angustia». Por otro, está el lugar donde dormitan los apóstoles. A la hora de la verdad, los discípulos, «nuestros hermanos en la mediocridad»[2], están «en otra parte» y dejan a Jesús afrontar a solas la angustia de la muerte. Por eso en un primer momento meditaremos sobre la oración de Jesús y la adhesión a la voluntad de Dios como corazón de toda vida filial, tanto la suya

---

1   Mc 14, 32-42
2   E. TROCMÉ, *L'Évangile selon Marc*, Ginebra, 2000, p. 348.

como la nuestra; luego, en un segundo momento, en el capítulo siguiente, consideraremos el sueño de los discípulos y la soledad de Jesús (y la nuestra).

«Empezó a sentir espanto y angustia, y les dice: "Mi alma está triste hasta la muerte"». La expresión remite al Salmo 42, 6: «¿Por qué te acongojas, alma mía, por qué gimes dentro de mí? (*Quare tristis es anima mea et quare conturbas me*?)» oración que la liturgia latina antes ponía en labios del sacerdote que subía al altar del sacrificio. Según santo Tomás de Aquino esta tristeza y esta angustia de Jesús en su Pasión tienen tres motivos[3]. El primero es la perspectiva de la muerte, de la pérdida de la vida corporal, que es el mal supremo en el orden físico y que «naturalmente horroriza a la naturaleza humana». El segundo y el tercero son la visión sin tapujos del horror del pecado, que es la causa de la Pasión y que la Pasión llevará a su paroxismo, ya que es el Hijo, el heredero mismo, el que es eliminado y asesinado (Mt 21, 38). Especialmente sensible al Corazón de Jesús es el dolor provocado por la traición de Judas. «En verdad, en verdad os digo: uno de vosotros me va a entregar» (Juan 13, 21). Es que es la traición de un amigo: «¿No es un disgusto mortal (literalmente: *heos thanatou*, hasta la muerte) que un compañero o amigo se convierta en enemigo?» (Eclo 37, 2). Lo mismo sucede con la defección de los discípulos: «¿Quién enferma sin que yo enferme? ¿Quién tropieza, dirá san Pablo, sin que yo me encienda?» (2Cor 11, 29).

---

3   Cf. *STh.*, IIIa, q. 46, a. 6.

En la antigüedad, muchos se escandalizaron de este problema y de esta tristeza de Jesús. Los adversarios del cristianismo vieron aquí un argumento contra la perfección moral de Jesús. Se oponía a la actitud del sabio auténtico, aquel que, según los estoicos, permanece impávido ante la perspectiva de la muerte y ésta le importa un pimiento. En efecto, para los estoicos existe lo que depende de nosotros y lo que no depende de nosotros. Los acontecimientos exteriores en sí no dependen de nosotros, pero sí depende de nosotros el modo en que los afrontamos interiormente: la virtud. La única cosa que debería entristecer al sabio es la pérdida de este equilibrio virtuoso e interior, pero los accidentes de la fortuna, incluida la muerte, deberían ser soberanamente despreciados. Epicteto, mientras su pierna está sometida a la tortura se contenta con advertir a su verdugo sonriendo: «la vas a romper», y cuando sucede: «ya te decía yo que la ibas a romper».

Esto es una forma de orgullo muy sutil. No concedo importancia más que a aquello que creo poder dominar por mí mismo, y rehúso todo sentido a aquello que no depende de mí (pero que depende, en definitiva, de Dios). Así el bien queda reducido solamente al bien moral de la virtud. Santo Tomás de Aquino está completamente de acuerdo en reconocer a la virtud el estatus de bien esencial. Pero dice, por un lado, que para nosotros no hay virtud auténtica si no es sostenida permanentemente por la gracia de Dios; y por otro, que existe una tristeza propiamente virtuosa, la que «procede de un santo amor, por ejemplo, cuando nos entristecemos por nuestros propios pecados o por los de los demás», tristeza que, en cuanto que es asumida en el amor, tiene un gran valor de satisfacción[4]. Además existen otros bienes para la persona humana a parte de la virtud. La privación de estos bienes, sin abatirnos ni desesperarnos, puede entristecernos muy legítimamente.

> «Existen, sin embargo, algunos bienes secundarios del hombre que se refieren a su propio cuerpo o a cosas exteriores que miran a su interés. Y en este sentido puede darse la tristeza en el alma del sabio, en cuanto al apetito sensitivo, mediante la aprehensión de males de esta clase, sin que, no obstante, tal tristeza perturbe su razón»[5].

Yo no puedo ser por mí mismo el único constructor de mi felicidad integral, ya que ésta es un don de Dios. Reducir las velas de mi esperanza y embridar mi deseo de felicidad para que ésta coincida con lo que puedo procurarme por mí sin depender de nadie, es la marca propia del orgullo.

> «Adelantándose un poco, cayó en tierra y rogaba que, si era posible, se alejase de él aquella hora; y decía: "¡Abba!, Padre: tú lo puedes todo, aparta de mí este cáliz. Pero no sea como yo quiero, ¡sino como tú quieres!"».

La oración de Jesús es una súplica. Incluso se postra rostro en tierra en una actitud de profunda humildad.

---

4   *STh.*, IIIa, q. 46, a. 6, ad 2.
5   *STh.*, IIIa, q. 15, a. 6, ad 2.

Empieza invocando a Dios como «Abba, Padre», reflejando así la relación absolutamente única y privilegiada que mantiene con Dios. Esta actitud contiene en germen todos los desarrollos posteriores de la cristología.

La oración judía comienza siempre recordando el poder de Dios ya manifestado, sea en la creación, sea en las maravillas de la historia de la salvación, y por eso se le pide la intervención actual. Mardoqueo empieza así su oración por la salvación de Israel, condenado por Amán al exterminio: «¡Señor, Señor, Rey omnipotente! El mundo entero está sometido a tu poder. Cuando te propones salvar a Israel no hay quien pueda volverse contra ti. Porque tú creaste el cielo y la tierra y las maravillas que existen bajo el cielo. Eres Señor de todo y nadie puede oponerse a ti, Señor» (Est 4, 17). Implícito: ¡de ningún modo este gusano de Amán se entrometerá hoy en tu camino! Mardoqueo aplica el principio del la lupa. Igual que la lupa focaliza la energía del sol en un punto determinado para hacerlo arder, del mismo modo Mardoqueo invita a la omnipotencia de Dios a concentrar su formidable eficacia sobre un problema preciso: Amán. Jesús, en cambio, va directamente a la fuente. Invoca directamente la omnipotencia de Dios: «tú lo puedes todo». Y pide que la prueba que le espera –el cáliz de la ira que debe beber en nuestro nombre– le sea apartada.

La oración de Getsemaní es, según santo Tomás, una oración «según la parte sensible»[6]. En general rezar

---

6 *STh.*, IIIa, q. 21, a. 2.

consiste en exponer el propio deseo ante Dios, y abrir ante Él el corazón como se estira sobre la mesa una hoja de papel anteriormente arrugada. La oración es una *explicatio voluntatis*: poner sobre la mesa nuestros deseos ante la mirada del Padre que ve en lo secreto[7]. Jesús abre su Corazón sin reservas al Padre y le muestra lo que siente y desea desde el fondo de su sensibilidad. Santo Tomás ve tres razones para ello, las dos últimas de las cuales iluminan profundamente nuestra propia vida espiritual. *Primo*, la oración de Getsemaní manifiesta la verdad de la Encarnación. Jesús no hace como si fuera un hombre. Porque es verdaderamente hombre, desea lo que deseamos todos visceralmente: escapar al sufrimiento y a la muerte. *Secundo*, nos enseña que es legítimo querer desde el punto de vista del sentimiento natural alguna cosa que Dios definitivamente no quiere. No hay que avergonzarse por decir: «Señor, líbrame de esta enfermedad que me destruye»; «Dios mío, no permitas que me encarguen ese trabajo...», siempre y cuando esto sea con un límite, una condición: «si es tu voluntad». *Tertio*, la oración de Getsemaní nos muestra que realmente tenemos que estar dispuestos en última instancia a subordinar nuestro deseo propio a la voluntad de Dios cuando ésta se manifiesta. Querer y no querer. ¡Delicado equilibrio!

Pero entonces, si al final se trata de llegar al *Fiat*, ¿por qué en la oración pedir alguna cosa particular? ¿Por qué no limitarse a la tercera petición del *Paternoster*? ¿No es

---

7   *STh.*, IIa-IIae, q. 83.

mejor dejar a Dios libertad de elegir lo que quiere darnos? Santo Tomás recoge con una cierta admiración una
observación atribuida al paganote de Sócrates: «A los
dioses inmortales sólo se les deberían pedir bienes en
general, porque ellos saben perfectamente cuáles con-
vienen a cada uno, mientras que nosotros solemos pedir
en nuestros ruegos cosas que lo mejor sería que no se
nos concediesen»[8]. El Aquinate, sin embargo, corrige la
tesis socrática. En dos aspectos. Para empezar, no sirve, según él, más que para los bienes a los que podemos
dar un uso bueno o malo, es decir, para los bienes indi-
ferentes, como las riquezas, la salud, el éxito..., que no
están directamente ligados a la bienaventuranza. Por el
contrario, no sirve para los bienes «los cuales nos hacen
bienaventurados o merecedores de la bienaventuranza».
Todos estos bienes, que se encuentran resumidos en el
don del Espíritu Santo (cf. Lc 11, 13), pero que se des-
criben en la Escritura con múltiples expresiones, no debemos renunciar a pedirlos en concreto: «Que brille tu
rostro y nos salve» (Sal 80, 4 y 8 y 20); «Guíame por la
senda de tus mandatos» (Sal 119, 35)... Tal es, según san
Agustín, la oración «del nombre de Jesús», que el Evangelio afirma que siempre es eficaz: «Lo que pidáis en mi
nombre yo lo haré, para que el Padre sea glorificado en el
Hijo» (Jn 14, 13)[9]. El nombre de Jesús significa realmente
«Salvador». Rezar en el nombre de Jesús consiste en pedir todo lo relativo a la salvación.

---

8   *STh.* IIa-IIae, q. 83, a. 5.
9   Cf. San Agustín, *Homilías sobre el Evangelio de san Juan,*
tract. LXXIII.

Pero santo Tomás va más lejos en su crítica, que se une aquí a su rechazo del estoicismo. Considera, con toda la tradición cristiana, que también hay que pedir en la oración, para nosotros y para los demás, bienes temporales, con la condición de subordinarlos estrictamente a los bienes espirituales. Puedo (y debo) pedir salud en cuanto que para mí se trata de estar en condiciones de cumplir este o aquel deber de caridad que es obligatorio. San Pablo rezó tres veces, aunque sin éxito, para ser liberado de la misteriosa «espina en la carne» (2Co 12, 7-9) que parecía poner trabas a su ministerio. Con más éxito, santo Tomás de Aquino oró insistentemente para que un problema dental imprevisto no le obligara a interrumpir sus clases[10]. Hay que creer contra toda esperanza que la oración de los profesores algunas veces tiene más fuerza que la de los estudiantes... Esta doctrina significa que soy suficientemente responsable de mi propio caminar hacia la bienaventuranza y del de mis hermanos para juzgar por mí mismo, a la luz de la fe, qué conviene pedir a Dios. Aunque Dios disponga a mí me toca proponer. Al mismo tiempo debo estar suficientemente convencido de que la Providencia trasciende todas las disposiciones humanas particulares para aceptar apaciblemente que Dios no responda a tal o cual oración relativa a bienes secundarios.

Hacer la voluntad de Dios presenta efectivamente una doble dificultad. En lo interior y en lo exterior. Tengo la certeza de que estar abierto a la voluntad del

___

10 Cf. GUILLERMO DE TOCCO, *Ystoria sancti Thome de Aquino.*

Padre y cumplirla cuando se manifiesta es el único camino a la paz interior, porque es establecer mi morada en la fuente misma del orden del mundo: «El que hace la voluntad de Dios permanece para siempre» (1Jn 2, 17). La voluntad de Dios es Dios mismo. Cumplir la voluntad de Dios equivale a unirse al mismo Dios, lo que es el fin de la vida. Parece ser que quien se sitúa justo en el ojo de un huracán disfruta una tranquilidad perfecta, pero que es inmediatamente lanzado a la lejanía en cuanto se mueve mínimamente de ese centro y se deja arrastrar por los remolinos exteriores. En lo interior, el hecho es que hay muchas cosas que se resisten a nuestra voluntad de hacer la voluntad de Padre. Porque somos seres «complejos», mal unificados, descoyuntados por el pecado; porque nuestros deseos tiran en todas direcciones; se disputa en nosotros una constante batalla entre los deseos profundos y los deseos superficiales que les presentan una resistencia ciclópea. ¡El hombre viejo tiene la cabeza bien dura! En lo exterior, no resulta fácil *conocer* la voluntad de Dios. La pregunta de Pablo recién convertido: «¿Qué debo hacer, Señor?» (Hch 22, 10), es para todos fuente de numerosas inquietudes (incluso después de elegir con claridad el estado de vida). Por esto, en la oración scout, atribuida a san Ignacio de Loyola, se pide la gracia de trabajar para la gloria de Dios «sin esperar otra recompensa que la de saber que hacemos tu santa voluntad». El hecho de conocer la voluntad de Dios ya constituye en sí una buena recompensa, un regalo, una gracia extraordinaria. Por eso los judíos piadosos no cesaban de dar gracias a Dios por el don de la Ley, gracias a la cual regulaban su conducta diaria en fidelidad a la Alianza. «Lámpara es tu palabra para mis pasos, luz en mi sendero [...]. Yo amo tus mandatos más que el oro purísimo» (Sal 119, 105.127).

Claro que el hombre es capaz, con su inteligencia, de discernir las grandes orientaciones morales que debe seguir si quiere hacer fructificar el don de la vida que ha recibido. Se las formula a sí mismo en los preceptos de la ley natural. Y, más todavía, Dios nos ha revelado su voluntad de salvación, y Jesucristo nos ha hecho conocer los planes benevolentes del Padre (cf. Jn 15, 15). Su mandamiento del amor y su propio ejemplo, Ley viva, constituyen una lámpara preciosa para nuestro camino. Pero este conocimiento *general* de la voluntad de Dios no es suficiente para lo concreto de la existencia. ¿Cómo amar a Dios y al prójimo en estas circunstancias concretas? ¿Cómo saber lo que Dios espera de mí aquí y ahora? En la vida religiosa, la Regla y las orientaciones de los superiores encarnan y concretan esta voluntad de Dios. Pero no pueden determinarlo todo.

En última instancia, nuestros maestros son los acontecimientos. «Si Dios nos diese por su propia mano maestros, ¡oh, cómo habría que obedecerles de todo corazón! La necesidad y los acontecimientos lo son infaliblemente»[11]. Efectivamente, como lo escribió santo Tomás Moro poco antes de su martirio a su hija Margarita: «Nada puede pasarme que Dios no quiera. Y todo lo que Él quiere, por muy malo que nos parezca,

---

11 PASCAL, *Pensées*, n. 553.

es en realidad lo mejor»[12]. O, por decirlo con san Francisco de Sales: «Fuera del pecado, nada se hace sino por la voluntad de Dios llamada absoluta y de beneplácito, voluntad que nadie puede impedir y que sólo se conoce por sus efectos, los cuales, una vez se han producido, nos manifiestan que Dios los ha querido y dispuesto»[13]. Estos efectos o acontecimientos no son solamente los datos físicos brutos (la tormenta que transforma en desastre la paella parroquial), sino también las acciones (malintencionadas) de los hombres por las que también se expresa la voluntad divina. San Juan Crisóstomo, en el sermón que predica antes de ir al destierro, proclama: «Yo siempre digo: "hágase tu voluntad", que yo haga, no lo que quiere éste o aquél, sino lo que quieres Tú. Éste es mi alcázar, ésta es mi roca inmóvil, éste es mi firme bastión»[14]. En definitiva, «todo es adorable» (Léon Bloy).

El hecho es que una sólida prudencia y la luz del Espíritu Santo son realmente necesarios para interpretar los acontecimientos y discernir en ellos la voluntad de Dios. Hay dos grandes escollos que deben evitarse, los Escila y Caribdis[15] de la vida espiritual: fatalismo y obstinación. El fatalista renuncia a tomarse en serio su

---

12 Citado en CEC 313.
13 San Francisco de Sales, *Tratado del Amor de Dios*, l. 9, c.1.
14 San Juan Crisóstomo, PG 52, col. 427-430).
15 Monstruos marinos de la mitología griega situados en orillas opuestas de un estrecho canal de agua, tan cerca que los marineros intentando evitar a Caribdis terminarían por pasar muy cerca de Escila y viceversa (Nota del editor).

responsabilidad en tanto que hombre y la cooperación que Dios espera de él, que exige iniciativas y asunción de riesgos. Para escapar a los tormentos de la historia y de sus contingencias, se refugia en una adhesión completamente formal a la voluntad de Dios. Me refiero a que un cierto adherirse muy rápido la voluntad de Dios no es cumplir necesariamente la voluntad de Dios. Dios quiere que yo me implique realmente en un proyecto que creo bueno y conforme a su voluntad (montar un grupo de jóvenes en la parroquia, desarrollar mi docencia, organizar en el monasterio una fábrica de cerveza modélica...) y que no me he cruce de brazos ante el primer asomo de dificultades. Por ejemplo, es voluntad de Dios que ponga los medios para luchar seriamente contra la enfermedad que limita mi actividad apostólica y que no me conforme con ella, resignado, en el papel de enfermo profesional desde el día en que me resfrío. Otro ejemplo: la pobre participación en la misión parroquial que había organizado no es signo de que Dios quiere que ahora me dedique exclusivamente, además de a la celebración de funerales, a la redacción de artículos sabios y de erudición local en los *Annales du Midi - Boletín trimestral de arqueología, historia y filología*. Para los seres que se construyen en el tiempo, la perseverancia es el signo de la autenticidad del querer.

Dicho esto, también debo guardar respecto a mis proyectos, incluso los mejores, una cierta distancia interior, un desligamiento, que indica que lo que yo quiero sobre todo es permanecer disponible a la voluntad superior de Dios tal como se manifiesta. Por ejemplo, ante el declive de la edad que limita poco a poco mi capacidad de vida y de acción, tengo que repuntar y luchar –porque Dios quiere que yo viva– , pero, a la vez, debo tener la sabiduría para no exponerme a negar obstinadamente los hechos. El principio de realidad manda. En un momento dado, también debo aceptar mis límites –renunciar definitivamente a conducir el 600 del monasterio– y redefinir las prioridades de mi vida, mi modo de participar en la vida y en la misión de la comunidad. Esto también sirve para la elección de vocación. Desde mi más tierna infancia he estado fascinado por la figura de nuestro médico de cabecera y convencido de que la medicina es la vocación más bella. No hay posibilidad de considerar otra. Después de un primer fracaso para pasar al segundo año de Medicina está claro que debo perseverar. Es algo común. Pero después de seis fracasos sucesivos, la sabiduría pide que acepte retomar la cuestión desde el origen y no obstinarme en un camino que para mí se presenta inviable. El chico que está en su cuarto noviazgo roto o en su octavo intento de vida religiosa, debería empezar a preguntarse seriamente sobre el fundamento de su convicción relativa a la vocación.

Cuando un pájaro por despiste se mete en una casa se siente atrapado, enloquece y no deja de precipitarse hacia la fuente de luz más próxima, la más evidente, la que le parece que es el camino de salvación, y choca con el cristal de la ventana. Y vuelve a repetir lo mismo hasta el agotamiento, incluso hasta la muerte. Sin embargo bastaría que se dejara recoger por mi mano y atravesar así la zona de sombra para desembocar en la luz verdadera y libre. A menudo nosotros somos este pájaro perdido. Nos lanzamos obstinadamente por caminos que no llevan a ninguna parte, por sendas que nos hieren.

San Francisco de Sales pone el ejemplo de la actitud justa de san Luis de Francia ante el fracaso de la Cruzada, a pesar de que la había emprendido bajo la inspiración divina. Porque Dios a veces puede querer que yo inicie alguna cosa sin querer necesariamente que la empresa triunfe. Por tanto el fracaso no es necesariamente el signo de que haya obrado mal. «San Luis, por inspiración divina, atraviesa el mar para conquistar Tierra Santa; el éxito no acompaña, y él lo acepta tranquilamente: estimo más la tranquilad de esta aceptación que la magnanimidad del proyecto»[16]. La grandeza del hombre no está en la suntuosidad de sus proyectos –incluidos los que emprende por la mayor gloria de Dios– sino en su docilidad interior y en su adhesión a la voluntad del Padre tal y como se le va manifestando en el día a día.

Esta disponibilidad total y este abandono están en el en el corazón de la actitud de Jesús en su Pasión. Desde el momento de su arresto Jesús se deja llevar. Calla, «como cordero llevado al matadero, como oveja ante el esquilador, enmudecía y no abría la boca» (Is 53, 7). Esta pasividad debe entenderse como un acto de confianza y abandono radical en el Padre.

---

16 San Francisco de Sales, *Tratado del Amor de Dios*, l. 9, c. 6.

Un acto de confianza porque Jesús confía su defensa sólo al Padre. «Él no devolvía el insulto cuando lo insultaban; sufriendo no profería amenazas; sino que se entregaba al que juzga rectamente» (1Pe 2, 23). Por su silencio, proclama su fe absoluta en la justicia de Dios que protege el derecho del justo perseguido:

> «Ofrecí la espalda a los que me golpeaban, las mejillas a los que mesaban mi barba; no escondí el rostro ante ultrajes y salivazos. El Señor Dios me ayuda, por eso no sentía los ultrajes; por eso endurecí el rostro como pedernal sabiendo que no quedaría defraudado. Mi defensor está cerca, ¿quién pleiteará contra mí? Comparezcamos juntos, ¿quién me acusará? Que se acerque. Mirad, el Señor Dios me ayuda, ¿quién me condenará?»[17]

Cuando en el sanedrín algunos le abofetean (Mt 14, 65) Jesús pone en práctica la consigna que él mismo había dado a sus discípulos en el sermón de la montaña: «Pero yo os digo: no hagáis frente al que os agravia. Al contrario, si uno te abofetea en la mejilla derecha, preséntale la otra» (Mt 5, 39). La no-resistencia a los malvados en el cristiano no está motivada ni por el soberano desprecio del estoico a la barbarie de los violentos, ni por una forma sutil de cobardía. Es un acto de fe en Dios, una confesión «implícita» de la Providencia. Tomarse la justicia por la propia mano sería poner la confianza en sí mismo, en las propias fuerzas, y en desprecio de Dios. Por esto David bendice a la prudente Abigail por haber impedido que se vengara

---

17 Is 50, 6-9.

del presuntuoso de su marido: «Bendita tu prudencia y bendita tú, que me has librado hoy de derramar sangre para quedar como vencedor» (1Sam 25, 33) y «bendito sea el Señor, que me ha vengado de Nabal y ha librado a su siervo de una mala acción» (1Sam 25, 39). Por la misma razón, y no sólo porque Saúl es el ungido del Señor, David rehúsa poner la mano sobre aquel que le persigue: «Que el Señor juzgue entre los dos y me haga justicia. Pero mi mano no estará contra ti» (1Sam 24, 13). En resumen, como recomienda San Pablo:

> «A nadie devolváis mal por mal. Procurad lo bueno ante toda la gente. En la medida de lo posible y en lo que dependa de vosotros, manteneos en paz con todo el mundo. No os toméis la venganza por vuestra cuenta, queridos; dejad más bien lugar a la justicia, pues está escrito: "Mía es la venganza, yo daré lo merecido" [Dt 32, 35], dice el Señor. Por el contrario, "si tu enemigo tiene hambre, dale de comer; si tiene sed, dale de beber: actuando así amontonarás ascuas sobre su cabeza" [Prov 25, 21-22, cf. Ex 23, 4-5]. No te dejes vencer por el mal, antes bien vence al mal con el bien»[18].

Ciertamente sería bastante raro que fuésemos expuestos como David o como el Señor Jesús al odio mortal de enemigos implacables, pero debemos soportar en el día a día, a título personal o como cristianos, todo tipo de críticas y de ataques que hieren nuestra susceptibilidad. Entonces viene la gran (y siempre vana) tentación de justificarse. «Por encima de todo, no

---

18 Rom 12, 17-21.

se justifique, no se defienda, antes bien súfralo todo en silencio. [...] Haga esto y será feliz; dejémonos defender por Dios»[19]. San Pablo nos invita sin duda a una actitud análoga cuando nos exhorta a poner los intereses del prójimo antes que los nuestros (cf. Flp 2, 4). No se trata tanto de abnegarse a sí mismo en un arrebato de masoquismo malsano, como de encarnar en lo concreto de nuestra vida nuestra fe en la primicia de Dios y en su providencia. «Ocúpate de mí, y yo me ocuparé de ti», aconseja el Señor a una santa. Porque creemos que el Señor cuida de nosotros, somos libres y suficientemente despreocupados de nosotros mismos para cuidar de nuestro prójimo.

Con su pasividad en la Pasión, Jesús nos señala el camino de la radical disponibilidad a la voluntad (incluso permisiva) de Dios. Hay que hacerse, escribe san Pablo de la Cruz, «flexible a cada circunstancia y despojado de toda voluntad propia, incluso buena. Nuestro dulce Jesús se dejaba vestir y desnudar por los verdugos; tan pronto lo ataban como lo desataban; lo tiraban aquí, y luego allí; y a todo se sometía el muy amable Cordero divino. ¡Oh muy dulce disponibilidad del Soberano Bien, Jesús!»[20]

En la escuela de Jesús, ahí está el cristiano adulto. ¡El que se ha hecho como un niño en los brazo de su madre (Sal 131, 2)! A imagen de Jesús, su alimento es hacer la voluntad del Padre (Jn 4, 24). Adherirse con

---

19 SAN PABLO DE LA CRUZ, *Carta del 7 de marzo de 1739 a Inés Grazi.*
20 ID., *Carta del 29 de noviembre de 1736 a Inés Grazi.*

cada una de las fibras de su corazón a la voluntad de Dios tal y como se le manifiesta, especialmente en los acontecimientos. «Tómatelo todo con calma», le dicen las Voces a santa Juana de Arco, que se dirige, angustiada, al martirio; y algunos siglos después, en la prisión del Temple, *Madame Élisabeth*, hermana de Luis XVI, recitaba cada día este admirable acto de abandono, que hay que atribuir, sin duda, al padre De Caussade SJ:

«¿Qué me sucederá hoy? Oh mi Dios, yo no lo sé. Lo que sí sé es que nada me sucederá que Tú no lo hayas previsto u ordenado desde siempre. Eso me basta, mi Dios, eso me basta. Adoro tus decretos eternos e impenetrables. Me someto de todo corazón por tu amor; lo quiero todo, lo acepto todo».

En Jesús, en Getsemaní, esta conformidad de amor a la voluntad del Padre fue de algún modo instantánea. «No sea como yo quiero, sino como tú quieres» (Mc 14, 36). En nosotros, lleva más tiempo... San Francisco de Sales relata el hecho siguiente:

«El bienaventurado Ignacio de Loyola después de haber puesto en marcha, con grandes trabajos, la Compañía de Jesús, cuyos hermosos frutos contemplaba, previendo otros muchos mejores para el porvenir, sintióse, empero, con alientos para asegurar que, si la Compañía llegase a deshacerse, cosa para él la más áspera, le bastaría media hora para sosegarse y quedar tranquilo en la voluntad de Dios»[21].

---

21 San Francisco de Sales, *Tratado del Amor de Dios*, l. 9, c. 5.

Un hombre de profunda oración como San Ignacio pide media hora para encontrar la paz interior. Entonces, ¿qué será de nosotros? Ante la prueba que trastoca nuestros equilibrios precarios, necesitamos tiempo para «digerir» y aceptar. Esto hace todavía más admirable el itinerario de una santa Juana de Arco que, en Compiègne, pasa sin transición de los misterios luminosos a los dolorosos.

Ante el anuncio de una enfermedad grave pasamos por todo tipo de etapas antes de integrar este hecho nuevo en nuestra existencia. Está la negación: «No es verdad, no estoy enfermo; es un error». Está la rebelión: «¿Por qué yo? ¿Por qué en plena flor de la juventud?». Luego puede venir la aceptación, fuente de una cierta paz y de una nueva fecundidad.

Fue a mediados del siglo XIX en Quercy (Francia). En 1864 para ser precisos. El pequeño Toussaint Vayssière viene al mundo sin haber sido realmente deseado por sus padres. Y él lo sabe como lo pueden saber los niños. Aún más, pierde muy temprano a su madre. Ni siquiera en el seminario menor o en el mayor encontrará el afecto que le faltó. Sin embargo, a pesar de estas heridas, una vez entrado en el noviciado de los dominicos de Toulouse, que estaba entones en San Maximino del Var, su vida empieza a dilatarse. Lo disfruta todo: la oración coral, la vida fraterna, los estudios, en los que le fue muy bien. Y como todo hombre (incluidos los religiosos) que entra en la vida adulta, sueña y se entusiasma con el porvenir que se abre ante él. Ya se ve predicador ardiente convirtiendo a las multitudes o docto teólogo de autoridad entre sus pares. De repente –tiene 24 años– todo se hunde. Dolores de cabeza, fatiga permanente, debilidad. Cae la sentencia: incurable. Su superior no se resigna. A pesar de todo le prescribe seguir todos los ejercicios de la comunidad y las observancias pidiendo la ayuda de San José con una novena. Al cabo de unos días, el P. Vayssière ya ni siquiera es capaz de confesarse, aniquilado y aplastado por la fatiga. No se puede forzar más la situación... Así que es relegado en los conventos y allí vegeta, se aburre, da vuelta. Al final recala en la gruta de la *Sainte-Baume*. No puede ni predicar ni leer, ni siquiera, a veces, rezar... Ya no tiene nada. O mejor, habiendo sido despojado de lo accesorio, no le queda más que lo esencial: la adhesión sin reservas a la voluntad de Dios. Un día, mientras baja desde la gruta hasta la hospedería en el llano para leer la prensa y disfrutar modestamente del calor humano, comprende que está a punto de traicionar su vocación y deshace el camino andado. Ahora acepta la soledad de la gruta. Todos los caminos se han cerrado para él: solo queda uno viable. «¡Qué estrecha es la puerta y qué angosto el camino que lleva a la vida!» (Mt 7, 13). No sin sufrimiento interior, acepta, confía a pesar de todo, y se pacifica: «hay que creer en el amor, incluso en esos períodos en que parece que nos pisotean continuamente, y en que somos tenidos por incapaces de los que no hay nada qué hacer o decir»[22]. Sin salir nunca de este estado la laminador de impotencia, el P.

---

22 M.-D. Poisenet, *Sur la route... sans bagages, Père Marie-Etienne Vayssière OP, 1864-1940*, París, 1974, p. 34.

Vayssière, con la sola fuerza sobrenatural que irradia su persona, «como quien ha vuelto a la vida desde la muerte» (Rm 6,13), se convertirá para una multitud de hombres y mujeres en una discreta luz que brilla y calienta. Este «inútil» podrá entonces confesar: «una vida sólo es grande y útil en la medida en que es lo que Dios quiere. Es la cantidad de voluntad divina que encarna lo que constituye toda su grandeza»[23].

Nosotros tenemos nuestros proyectos. Dios tiene los suyos. «El hombre tiene proyectos, el Señor proporciona la respuesta» (Prov 16, 1). Dios nos conduce progresivamente allí a donde Él quiere llevarnos. Para lograrlo utiliza tanto los «vínculos de amor» de que habla Oseas (Os 11, 4) –inspiraciones, atracciones y santos deseos– como las pruebas o la cruz, cayado del Buen Pastor.

Ya en el Antiguo Testamento esta era su política. ¿Cómo atraer hacia sí a ese pueblo obstinado y de dura cerviz que sólo hace lo que quiere y se destruye a sí mismo abandonando la fuente de agua viva (Jer 2, 13)? Porque nunca es peor para Israel que cuando le va bien. El sabio es bien consciente de ello: «No me des riqueza ni pobreza, [...] no sea que me sacie y reniegue de ti, diciendo: «Quién es el Señor?» (Prov 30, 8-9). Cuando Israel se siente «saciado», próspero, poderoso, respetado, olvida a Dios y se suicida espiritualmente. Entonces Dios, como un cazador no menos testarudo, persigue a Israel, le cierra todos los caminos. Le fuerza,

---

23 Ibid., p. 46.

le constriñe a tomar el único bueno. Abandonando a Israel a las catástrofes naturales (hambruna, peste...), entregándolo al poder de sus opresores, Dios despoja a su pueblo, lo conduce al desierto, lo desnuda... Entonces Israel, privado de todo, recapacita, como el hijo pródigo de la parábola (Lc 15, 17); se acuerda de que es el pueblo que clama a Dios y que sólo del Señor espera su salvación.

El profeta Oseas compara la acción del Señor a la de un hombre que, para reconducir hacía sí a su esposa infiel, le cierra todos los caminos para no dejarle otra salida que él. Ella no podrá librarse más que por el Altísimo.

> «La despojaré dejándola desnuda, la dejaré como el día de su nacimiento, la convertiré en un desierto, la dejaré como una tierra árida, la mataré de sed. [...] Yo cierro tu camino con espinos [...]. Perseguirá a sus amantes pero no los alcanzará [...]. Entonces se dirá: "Voy a volver a mi primer marido"»[24].

Ésta ha sido la pedagogía de Dios con su pueblo. Ésta es también su pedagogía con nosotros. Dios permite en nuestra vida fracasos, incapacidades y sufrimientos... «Ha cerrado mis caminos con sillares, ha retorcido mis sendas» (Lam 3, 9). No para perdernos sino para salvarnos, para aligerarnos de todo aquello que obstaculiza nuestro camino hacia la vida eterna. Mientras el arroyo corre por la llanura se expande y se adormece.

---

24 Os 2, 5-9.

Pero cuando está forzado a pasar por una estrecho des-filadero, de algún modo concentra sus fuerzas y brota con más vigor.

11. «Estoy desvelado, gimiendo, como pájaro sin pareja en el tejado» (Sal 102, 8)

Mientras Jesús ora y, «a gritos y con lágrimas, presenta oraciones y súplicas al que podía salvarlo de la muerte» (Heb 5, 7), los discípulos duermen. Está claro que no están a la altura de los acontecimientos. Están en otra parte.

No son ni los primeros ni los últimos en dormirse en el momento decisivo, porque este sueño es una constante en la historia de la salvación. Dios, el Guardián de Israel, es quien, a pesar de las apariencias, «no duerme ni reposa» (Sal 121, 4). «Sus ojos vigilan a los pueblos» (Sal 66, 7). En cambio, el hombre, en los momentos más decisivos, brilla por su ausencia. Vencido por la fatiga, dormita. Este sueño es el signo de que lo que sucede en ese momento en su favor le sobrepasa y no depende principalmente de él. Así sucedió en la creación de Eva (Gen 2, 18-24). El profundo sueño que el Creador hace caer sobre Adán no es sólo una misericordiosa anestesia general que precede a la extracción de la costilla, sino que, sobre todo, atestigua que la mujer, aunque sacada de él, «carne de su carne», es para el hombre un don de Dios, del que no puede disponer a su antojo y cuyo misterio siempre se le escapa. Durante el sacrificio en que se consuma la alianza –una alianza en que solo Dios tiene la iniciativa–, «cuando iba a ponerse el sol, un sueño profundo invadió a Abrán y un terror intenso y oscuro cayó sobre él» (Gen 15, 12). La misma somnolencia sufren los apóstoles justo antes de la Transfiguración (Lc 9, 32) e incluso los soldados de guardia en la noche de la Resurrección (Mt 28, 4.13).

El sueño del hombre es un testimonio indirecto del primado absoluto de la gracia. Aunque el hombre está llamado a cooperar en la obra de Dios –y tal es su alta dignidad–, la iniciativa de la obra buena nunca viene de él y de su cooperación, que no tiene nada de delegación, no puede ejercerse más que en la estricta dependencia de la operación de Dios. El sarmiento no da fruto más que en tanto está unido a la cepa (Jn 15, 4-5). Por eso, para resaltar vivamente esta anterioridad lógica de la gracia sobre el mérito, a la Escritura le gusta recordar que «¡Dios lo da a sus amigos mientras duermen!» (Sal 127, 2). Jesús mismo compara el crecimiento del Reino de Dios al de la semilla que un hombre ha echado en la tierra: «él duerme de noche y se levanta de mañana; la semilla germina y va creciendo, sin que él sepa cómo» (Mc 4, 27).

Por parte de Jesús, el sueño de sus discípulos en Getsemaní supone una dolorosa ausencia de los amigos en el momento de la gran prueba. Jesús está solo. «Espero compasión y no la hay; consoladores y no los encuentro» (Sal 69, 21). «Jesús pidió a los hombres y no fue escuchado»[1]. Está solo frente al cáliz que debe beber, solo para realizar la redención de todos los hombres: «Yo solo he pisado el lagar [...]. Miraba sin encontrar un ayudante, espantado al no haber quien me apoyara» (Is 63, 3-5). Esta soledad extrema de Jesús indudablemente tiene un sentido teológico. Significa por una lado que Jesús es el único Redentor y, por otro lado, acabamos de decirlo, que es por pura gracia que el hombre es salvado por la obra de Cristo: «Mientras sus discípulos dormían Jesús ha operado su salvación. La ha operado a cada uno de los justos mientras dormían, y en la nada antes de su nacimiento, y en los pecados después de su nacimiento»[2]. Pero también nos invita a meditar sobre el lugar de la soledad en nuestra propia vida. Aquí hay que sostener tres verdades fundamentales.

La primera es que la soledad es un hecho ineludible de la condición humana. Su sentido es eminentemente positivo ya que es un aspecto de la alta dignidad de la persona, el signo de su trascendencia respecto al grupo, la consecuencia de su responsabilidad. Soy yo y sólo yo quien tiene que responder de mí (y de mi hermano) ante Dios. Al poner a cada persona en relación directa con el Absoluto, con el Dios único, la fe bíblica fundamenta la unidad y la unicidad de cada persona. Cada persona es «uno» en el sentido de que tiene una vocación a unificarse por su relación con el Uno: «Escucha, Israel: el Señor es nuestro Dios, el Señor es uno solo. Amarás, pues, al Señor tu Dios con todo tu corazón,

---

1 PASCAL, *Pensées*, n. 553.
2 *Ibid.*

con toda tu alma y con todas tus fuerzas» (Dt 6, 4-5). El politeísmo rompe y dispersa la persona; el monoteísmo la unifica, ya que todos los dinamismos que actúan en ella se encuentran orientados y finalizados por la unión al Uno. La persona también es «única», en el sentido de que no se reduce a ser parte de un todo social y escapa al estatus de la hormiga promedio en el hormiguero. El individualismo contemporáneo hereda del cristianismo esta viva consciencia de la singularidad del individuo pero, como la ha desconectado de la comunión con Dios, y por Dios, con los hermanos, a menudo se convierte en una carga pesada de la cual queremos despojarnos fundiéndonos de nuevo en la masa.

Esta eminente dignidad de la persona implica, entre otras cosas, que yo no puedo renunciar a mi responsabilidad y vivir a través de otra persona. Soy yo y sólo yo quien debe afrontar las elecciones de la existencia. Incluida la elección de obedecer, porque la obediencia no es nunca una renuncia a la responsabilidad. En particular, la prueba suprema de la agonía y de la muerte no puede ser vivida por delegación. Soy yo y sólo yo el que muere. «Y ahora, solos nosotros dos», declaró Bernanos cuando llegó la muerte y, a través de ella, el Señor[3]. Es decir, que hay momentos en la existencia en los que no hay nada que decir, porque no se trata de hablar sino de ser. Hay ocasiones en que ya no puedo contentarme con representar un papel sino que debo entrar en mi habitación, cerrar la puerta y ponerme, en

---

3 Cf. A. MALRAUX, *Le miroir des limbes. 1. Antimémoires*, V, 3.

lo secreto, bajo la mirada –liberadora– del Padre (Mt 6, 6). Allí aprendo a «vivir conmigo mismo», como se dice de San Benito, y, más radicalmente, a ser yo mismo, desnudo y al descubierto ante Dios. *Solus cum Solo.* A solas con el Solo. Soledad plena y habitada que contiene virtualmente en sí toda comunión auténtica.

Así Abrahán, en el momento supremo en que se dispone a subir la montaña para adorar y ofrecer a Isaac en sacrificio, deja allí a sus servidores: «Abrahán dijo a sus criados: "Quedaos aquí con el asno; yo con el muchacho iré hasta allá para adorar y después volveremos con vosotros"» (Gen 22, 5). Así Jacob, que no se encuentra frente a frente con Dios hasta que ha hecho pasar a todos los suyos el vado de Yaboc: «Y Jacob se quedó solo. Un hombre luchó con él hasta la aurora» (Gen 32, 25). Así Elías, que huye de la abominable Jezabel y atraviesa el desierto para encontrarse con Dios en el Horeb: «Entonces Elías tuvo miedo, se levantó y se fue para poner a salvo su vida. Llegó a Berseba de Judá y allí dejó a su criado. Luego anduvo por el desierto una jornada de camino, hasta que, sentándose bajo una retama, imploró la muerte» (1Re 9, 3-4). ¿No es lo mismo que hace Jesús en Getsemaní cuando dice a sus discípulos: «Sentaos aquí mientras voy a orar» (Mc 14, 32)? Pero Jesús, incluso abandonado por los suyos, no está nunca solo: «Está para llegar la hora, mejor, ya ha llegado, en que os disperséis cada cual por su lado y a mí me dejéis solo. Pero no estoy solo, porque está conmigo el Padre» (Jn 16, 32).

La segunda verdad fundamental es: «No es bueno que el hombre esté solo» (Gen 2, 18). Luego existe una soledad mala que se define como la ausencia de comunión. Puede ser padecida, como una situación de la vida humana, que Jesús asumió libremente en su Pasión. Pero también puede ser elegida, al menos en un primer momento, antes de que el cepo se cierre: me aíslo cediendo a la tentación de lo fácil, me repliego sobre mi pequeño mundo, porque nunca es fácil salir de sí para entrar en comunión; pero poco a poco me ahogo en este ambiente hermético. Necesito más oxígeno y no puedo producirlo por mí mismo. Esta soledad es

> «Una de las pobrezas más hondas que el hombre puede experimentar [...]. Ciertamente también las otras pobrezas, incluidas las materiales, nacen del aislamiento, del no ser amados o de la dificultad de amar. Con frecuencia son provocadas por el rechazo del amor de Dios, por una tragedia original de cerrazón del hombre en sí mismo, pensando ser autosuficiente»[4].

Para remediar este mal de la soledad el mismo Dios entrega al hombre «una ayuda adecuada» (Gen 2, 18). El término hebreo *'ezèr*, que traducimos por ayuda, no significa ni asistenta ni niñera. En los Salmos, se le aplica a Dios mismo: «Él es nuestro auxilio (*'ezèr*) y escudo» (Sal 33, 20). Así la mujer aparece como el sacramento, es decir, el signo visible de la presencia activa y benevolente de Dios junto al hombre (y viceversa). Y la Biblia subraya cómo «una mujer buena es una herencia

---

4   BENEDICTO XVI, *Encíclica Cáritas in veritate*, n. 53.

valiosa que toca en suerte a los que temen al Señor»
(Eclo 26, 3). «Supera en valor a las perlas» (Prov 31,
10).

La Escritura también confirma que «un amigo fiel
es un refugio seguro, y quien lo encuentra ha encontrado un tesoro» (Eclo 6, 14). ¿No pretendía acaso el
pagano de Aristóteles que una vida sin amigos no valía
la pena? También santo Tomás enseña que la compañía
de los amigos, en el caso de la comunión de los santos,
es parte, aunque secundaria –porque solo Dios basta–,
de la bienaventuranza eterna[5]. Luego, en su justo lugar,
una presencia amistosa, fraternal, castamente afectuo-
sa, es una gracia que no hay que despreciar. Jesús cul-
tivó la amistad –«Jesús amaba a Marta, a su hermana
y a Lázaro» (Jn 11, 5)– y, en el momento de la prueba,
buscó la presencia de sus amigos. La presencia del amigo es pues un deber y hay que procurar que sea una
posibilidad real en nuestras comunidades cristianas.
En la vida religiosa, el temor legítimo a las «amistades
particulares» no debe ocultar el valor de las amistades
auténticas. ¿Cómo distinguirlas? Lo propio de la amistad particular es que se repliega sobre el binomio y lo
aísla de los demás. Tiende a la exclusividad y constituye consecuentemente como un quiste en la comunidad. El signo de una amistad sana, por el contrario, es
abrir a los amigos a los demás. En vez de apropiarme
de mi amigo, de confiscarlo de algún modo, deseo verdaderamente que los otros también se beneficien de la

---

5 *STh.*, Ia-IIae, q. 4, a. 8.

riqueza de su amistad. Querer lo mejor para mi amigo, no es que él sea solo mío, sino querer que él brille también para los demás y que aproveche la relación con los otros. Ricardo de San Víctor, para intentar dar razón de la procesión del Espíritu Santo, explica que el Padre ama tanto al Hijo y se goza tanto de su bondad que quiere que otro también lo disfrute y que el propio Hijo goce de una nueva amistad.

Lo esencial es que la búsqueda de un apoyo amistoso y fraterno no sustituya nunca a la confianza puesta en Dios. La amistad no debe tender a remplazarla, si no al contrario, a ser su sacramento, su encarnación, su realización concreta. La reemplazaría si yo no confiara en Dios más que a medias y en mis amigos la otra mitad. Justo al revés: debo confiar totalmente en Dios, y en mis amigos solamente en cuanto que son los instrumentos libres de su providencia para cuidarme. El drama actual del amor humano viene precisamente del eclipse de Dios. En cuanto el amor humano deja de referirse a su Fuente se convierte en amor romántico, es decir, la ilusión de un amor «absoluto» en que una mujer lo es todo para un hombre y un hombre lo es todo para una mujer. De hecho, si Dios no existe, el amor del hombre y la mujer se convierte para cada uno de ellos en la única razón de existir. Se sostienen el uno a el otro, pero en el vacío. Y entonces reproducen la triste experiencia de Hernández y Fernández en *Objetivo: La Luna* (p. 6-7). Para prevenir los efectos de la vuelta a la gravedad artificial en el cohete Tintín avisa a todos para que se sujeten bien. Hernández y Fernández se agarran firmemente el uno al otro... y juntos se caen. «¡Curioso! ¡Con lo bien agarrados que estábamos! –Sí, pero ¿a qué?», observa juiciosamente Wolff. Elocuente alegoría del amor humano separado de Dios. Como ninguna criatura es capaz de satisfacer el corazón de otra criatura pronto se apoderan de los esposos el desengaño y la desilusión, fuente de tantos fracasos.

Nuestra relación con los demás, tanto en la vida fraterna como en el apostolado, resulta ser un sutil equilibrio entre apego y desapego. No podemos vivir con los hermanos o con aquellos que el Señor nos envía sin amarlos y vincularnos aunque sea un poco a ellos. Este amor es además la condición para un apostolado fructífero. Lo esencial es que este vínculo permanezca «amical» sin convertirse en «conyugal» ni en «paternal». No hay mejor manera de hacerlo que poniendo en común las amistades. Pero también hay que estar dispuesto a prescindir de ellas. Esta disponibilidad es el signo de un vínculo «justo» que no se degrada en posesión. Los padres aprenden poco a poco a dejar a los hijos que les han sido confiados volar con sus propias alas. Y esto requiere de no poca ascesis. Los religiosos deben dejar a sus hermanos seguir su vocación y su misión. Para una fundación, por ejemplo, el superior no maquina cómo mantener cerca de sí a los hermanos simpáticos y enviar a la evangelización de los cocodrilos a los que no lo son. Su elección se funda en otros criterios. En el apostolado el sacerdote se vincula necesariamente a las personas que acompaña, pero debe estar siempre dispuesto a aceptar pacíficamente que su afecto se transfiera a otro. No es de mí, sino de Dios, que necesitan los hombres. Yo nunca podré colmar un corazón hecho sólo para Dios. San Juan Bautista es ejemplar en esto: «El que tiene la esposa es el esposo» (Jn 3, 29). El amigo del Esposo evita escrupulosamente dirigir hacia sí el amor de la Esposa. No es un seductor ni un adúltero. Su alegría es ser testigo maravillado de las bodas del Cordero.

Una tercera verdad fundamental sobre el lugar de la soledad en la vida espiritual es que una cierta renuncia voluntaria al consuelo de la amistad puede hacer más intensa la relación con Dios en beneficio de todos. «Señor mío, rey nuestro, tú eres el único. Defiéndeme que estoy sola y no tengo más defensor que tú, porque yo misma me he puesto en peligro» suplica la reina Ester (Est 4, 17). Este es el sentido del celibato consagrado: ir directamente a la fuente del Amor, sin pasar por la mediación del matrimonio. ¡*O beata solitudo, sola beatitudo*! suspira (literariamente) San Bernardo. ¡Oh feliz soledad, sola felicidad! Grito del corazón que no clama precisamente por la búsqueda de una vida cómoda, liberada de las preocupaciones del mundo. Los encantos de la vida de solterón no tienen nada que ver con la atracción sobrenatural y radical por el desierto. *Solus cum Solo*, ésta es la felicidad del consagrado. Pero es una felicidad que puede salir cara. La soledad afectiva a veces puede desgarrar el corazón. Sin descuidar las ayudas humanas apropiadas, puede ser vivida, en espíritu de fe, como una participación en la terrible pero redentora soledad de Jesús en Getsemaní.

Ante el sueño de los discípulos, Jesús reacciona en primer lugar pidiéndoles «velar». No les pide agotarse hasta el desfallecimiento en vigilias ascéticas ni aguantarse los párpados con cerillas, sino vivir el momento presente con plena conciencia de lo que está en juego, es decir, en espíritu de fe y bajo la mirada de Dios. La causa principal de nuestras caídas, del hecho de que sucumbamos tan fácilmente a la tentación, es el eclipse del espíritu de fe sobrenatural, que, por definición, no nos es precisamente natural ni espontáneo. La vigilancia desempeña el papel del agua que, bajo la ducha, moja el jabón y lo hace imposible de coger. Pero cuando el jabón se seca, entonces podemos cogerlo de nuevo. Del mismo modo, si la vigilancia cesa, si el sentido sobrenatural de la fe decae, nos convertimos de inmediato en presa fácil para el Adversario. Pero, «no deis ocasión al diablo» (Ef 4, 27).

«El espíritu está pronto –es decir, deseoso, bien dispuesto–, pero la carne es débil», le recuerda Jesús a Simón (al que además aquí no llama Pedro, porque en este momento su solidez es cuestionable). La carne no se reduce aquí al sexo o al cuerpo, designa a todo el hombre, cuerpo y alma, en su fragilidad congénita. Todo pecado, según el análisis de santo Tomás[6], nace de la no-consideración de la norma que nos marca el camino de nuestra verdadera felicidad. Pecamos porque en el momento en que decidimos actuar, estábamos «a por uvas». No tomamos la distancia suficiente

6   Cf. *STh., Ia-IIae*, q. 75, a. 1.

para contemplar la acción que pensamos llevar a cabo con una mayor perspectiva. Cegados por un bien presente que nos llama con fuerza descuidamos situarlo en la jerarquía objetiva de los bienes, y no percibimos que de hecho nos desvía de la verdadera felicidad. Por esto es vital mantener viva la conciencia de la presencia de Dios: «Tengo siempre presente al Señor, con él a mi derecha no vacilaré» (Sal 16, 8). Esto es mantenerse vigilante.

En las dos últimas conversaciones vamos a considerar cómo se realizó esta vigilancia, de modo distinto, en Pedro y en la Virgen María, de qué manera participaron en la Pasión de Cristo.

12. Pedro o el aprendizaje
de la humildad

Nuestra vida espiritual no es un largo río tranquilo. Hay periodos estancados, como interminables meandros, pero también, de improviso, rápidos, remolinos y saltos... Hay épocas, edades, en nuestro itinerario espiritual. Si no nacemos adultos, mucho menos nacemos santos. Nos convertimos (a veces) en santos al final de un largo caminar. ¿Acaso no distingue tres edades la sabiduría monástica? Los novicios parecen santos, pero no lo son; los padres jóvenes no parecen santos y tampoco lo son; los ancianos ya no parecen santos pero lo son. De aquí se deduce que es más bien raro tener aspecto de santo y serlo... El itinerario de Simón-Pedro –en el que las negaciones de la Pasión son una de las claves– es ejemplar para nosotros. Además el Señor Jesús se toma la molestia de resumirlo: «cuando eras joven, tú mismo te ceñías e ibas adonde querías; pero, cuando seas viejo, extenderás las manos, otro te ceñirá y te llevará adonde no quieras» (Jn 21, 18). Como el evangelista enseguida precisa estas palabras se refieren en primer lugar «a la muerte con que iba a dar gloria a Dios» (Jn 21, 19), y sabemos que Pedro, bajo la persecución de Nerón, igual que su Maestro tuvo que extender las manos sobre la cruz donde fue atado. Pero Jesús también sugiere un itinerario espiritual. «Cuando eras joven, tú mismo te ceñías e ibas adonde querías...». La juventud se caracteriza por el pleno aprovechamiento de nuestras capacidades físicas y psicológicas de acción, lo que genera habitualmente una cierta confianza en uno mismo. Nunca imaginé en mi juventud el hecho de perder un tren: ¡un sprint final lo solucionaría! Ceñirse uno mismo la cintura significa que uno es el único dueño de su destino, que uno dispone de su vida como le parece. También en la vida religiosa: uno ya ha leído todo sobre el Carmelo o sobre la espiritualidad de los Padres del Desierto; y por tanto tiene una idea muy precisa sobre lo que es una vida religiosa fetén, y pobre de aquel que se cruce en su camino. He aquí la razón por la que los novicios, de forma general, suelen tener dificultades en aceptar las dispensas que se juzga necesario darles. Se sienten humillados. No es fácil reconocer que la obediencia vale más que la «imagen perfecta» que uno se ha forjado del religioso modelo. Pero ésta es la actitud de Simón-Pedro cuando comienza a seguir a Jesús.

«En su juventud Pedro fue muy presuntuoso y apegado a su propia voluntad. En efecto, esto es propio de los jóvenes, según lo dice Aristóteles en su retórica. También el Eclesiastés dice a modo de reproche: "disfruta mientras eres muchacho y pásalo bien en la juventud; déjate llevar del corazón" (Ecl 11, 9). [...] "Tú mismo te ceñías", es decir, que te prohibías cosas ilícitas y superfluas pero sólo según tu propio juicio y sin soportar que otro te lo prohibiera»[1].

---

1   Tomás de Aquino, *In Ioh.*, c. 21, lect. 4.

Sin duda que desde el inicio, Simón-Pedro ha sido conquistado por Jesús y lo ama muy sinceramente. Quiere verdaderamente servirle. Pero quiere servirle... a su propio modo, ¡a gusto de sus iniciativas! Y es que Simón-Pedro tiene unas ideas bien establecidas sobre todo, empezando por el modo de ser un buen Mesías, un Mesías según las reglas. Los caminos de Dios no parecen tener ningún secreto para él y, cuando Jesús parece desviarse, Simón-Pedro está ahí para llamarlo al orden. Un Mesías según las normas no sufre: «¡Lejos de ti tal cosa, Señor! Eso no puede pasarte» (Mt 16, 22). Un Mesías que se respeta a sí mismo no se pone a los pies de sus discípulos: «Señor, ¿lavarme los pies tú a mí? [...] No me lavarás los pies jamás» (Jn 13, 6-8). Pero esto no es todo. Pedro también tiene un concepto bien determinado sobre el modo de ser buen discípulo de Jesús. Un modo generoso, combativo, activo y sobre todo... seguro de sí mismo. «Aunque todos caigan –¡ah, el demonio de la comparación!–, ¡yo no!» (Mc 14, 29). «Daré mi vida por ti» (Jn 13, 37). Querido Pedro fanfarrón, no has entendido nada. Es Jesús quien debe *antes* dar su vida por ti para que tú, *después*, con la fuerza de su Espíritu, puedas dar la vida por Él. «No me puedes seguir ahora, me seguirás más tarde» (Jn 13, 36). Lo propio del discípulo es ir detrás de su maestro, y no precederlo. «Sígueme», le repite constantemente Jesús, es decir, como los demás, «¡ponte detrás de mí...!» (Mt 16, 23).

Pedro se inscribe en la corriente de las hermosas figuras bíblicas que se lanzan impulsivamente a instaurar el Reino de Dios en la tierra, pero que deben pasar por un fracaso estrepitoso, fuente de una profunda conversión, para convertirse en instrumentos de los que Dios se sirva eficazmente para establecer su Reino. Ahí está Moisés (Ex 2-3): al hacerse adulto toma la iniciativa generosa·pero totalmente personal de ayudar a sus hermanos de raza oprimidos y se autoproclama su libertador. El signo de que esta iniciativa no viene de Dios es que Moisés recurre a la violencia: asesina con sus propias manos al egipcio que azotaba a un hebreo. Esta iniciativa fracasa lamentablemente. Moisés se asusta y huye. «*Jura, mais un peu tard, qu'on ne l'y prendrait plus* (Juró, aunque algo tarde, que no le volverían a pillar)»[2]. Se instala en el país de Madián y así comienza una vida cómoda y sin sobresaltos como libertador retirado: un trabajito tranquilo, una esposa encantadora y entregada, e incluso un suegro astuto y sagaz... Pero entonces, es el mismo Dios quien le llama desde la Zarza y lo envía. Y le da el empujón, ya que Moisés echa el freno: ¡él ya lo ha intentado! «¿Quién soy yo para acudir al faraón o para sacar a los hijos de Israel de Egipto?» (Ex 3, 11); «¡Por favor, Señor mío! Yo nunca he sido un hombre con facilidad de palabra, ni siquiera después de que tú has hablado con tu siervo [...]: ¡Por favor, Señor mío! Envía al que quieras» (Ex 4, 10.13). Como es sabido, esta vez el éxito será total. Y es que, efectivamente, hay

---

2   Cita del último verso de la fábula El cuervo y el zorro de La Fontaine, que se emplea para decir que alguien se siente humillado tras un fracaso y se promete a sí mismo no volver a caer en el mismo error (Nota del Editor).

que esperar a los tiempos de Dios. Ni tomar la delantera ni reaccionar demasiado tarde, cuando la gracia ya ha pasado, como fue el caso de los israelitas. Asustados por el poder de sus enemigos rehúsan subir para tomar posesión de la Tierra Prometida. Después, presa de los remordimientos, se deciden. Pero ya es tarde, como les transmite Moisés.

> «"Hemos pecado contra el Señor. Nosotros subiremos a combatir, como el Señor nuestro Dios nos ha mandado". [...] Pero el Señor me dijo: "Diles: no subáis a combatir, [...] pues yo no estaré con vosotros". Yo os lo dije, pero no me escuchasteis, os rebelasteis contra la orden del Señor y os obstinasteis en subir a la montaña. Los amorreos, que habitan en esa montaña, salieron a vuestro encuentro, os persiguieron como lo hacen las abejas y os derrotaron desde Seír hasta Jormá»[3].

A Elías le sucede como a Moisés, su compañero de Transfiguración. Elías, «ardiendo en celo por el Señor» (1Re 19, 10) y exasperado por la apostasía de los hijos de Israel, toma la iniciativa de una restauración enérgica del yahvismo, cuyas consecuencias pagan los cuatrocientos cincuenta profetas de Baal (1Re 18). Justo después, Elías atraviesa una fase de desánimo abrumador. «¡Ya es demasiado, Señor! ¡Toma mi vida, pues no soy mejor que mis padres!» (1Re 19, 4). Alcanzando a pesar de todo el monte del Señor, comprende que el Señor no está ni en el huracán, ni en el terremoto, ni en el fuego, sino en «el susurro de una brisa suave» (1Re

---

3   Dt 1, 41-44.

19, 12). Ahora sí que Dios puede enviarlo a una misión en la que Él mismo asegurará el éxito: «Vuelve por tu camino» (1Re 19, 15).

Al igual que Moisés, al igual que Elías, Simón-Pedro se adelanta a Jesús. Incluso desenvaina la espada y hiere con ella (Jn 18, 10-11). Su hundimiento ante la criada es todavía más decepcionante. Una vez que Jesús ha sido arrestado «Pedro lo seguía de lejos» (Mt 26, 58). Se arriesga, interponiendo distancia a Jesús, a separarse de Él. De hecho, en cuanto Jesús esconde un momento su rostro, todas las resoluciones heroicas de Pedro se hunden. «No me escondas tu rostro, igual que a los que bajan a la fosa» (Sal 143, 7). Pedro se hunde y se ahoga como cuando sobre el lago apartó la mirada de Jesús para preocuparse de la fuerza del viento (Mt 14, 28-30). «No conozco a ese hombre» (Mc 14, 71). Amor de sí mismo hasta el desprecio de Dios. A veces nos parece tan vital salvar el cuello... La preocupación del presente engulle cualquier otra perspectiva.

Entonces, ¿qué hacer cuando he caído? O el buen uso de nuestras caídas. Se me ofrecen dos reacciones diametralmente opuestas: la de Judas y la de Pedro. Judas, dice el Evangelio (Mt 27, 3), sintió remordimientos. No se convierte. Lejos de pasar del desprecio al amor (porque sólo el amor borra el desprecio), vuelve su desprecio contra sí mismo. En su amor propio sufre por no estar a la altura de su sueño. No puede soportar la triste imagen de sí mismo que le presenta su conciencia. Y entonces se destruye. Esto es lo que hacemos cuando nos rascamos y lloramos por las heridas de nuestro orgullo en lugar de reconocer nuestra miseria, humildemente, penitentemente, apaciblemente (¡como si hubiera que sorprenderse!), y pedir la misericordia de Dios. Los pensamientos del tipo: «Soy un fracasado, un mediocre» en el fondo son la expresión de nuestro despecho por no ser los héroes que imaginábamos. Pero lo importante no es responder a un «ideal» sino ser conforme a lo que Jesús espera de mí *hic et nunc*. «Dios es un Dios del presente. Tal como te encuentra, así te toma y te acoge. No considera lo que has sido, sino lo que eres ahora»[4]. Los lamentos son estériles y desvían de la verdadera conversión. Es lo mismo que aquel que, habiendo estado distraído durante toda la primera mitad de su oración, cae en la cuenta y pasa la segunda mitad afligiéndose por eso. El mejor modo de reparar una falta de amor no es deplorar esta falta de amor si no ponerse a amar.

De hecho, la experiencia del pecado lleva a Pedro a la más alta santidad. Purifica en profundidad su relación con Jesús. Pedro experimenta su debilidad a la vez que descubre las profundidades de la misericordia. «Estando todavía él hablando, cantó un gallo. El Señor, volviéndose, le echó una mirada a Pedro» (Lc 22, 60-61). ¿He entendido bien? Es Jesús quien «se convirtió», es decir, se dio la vuelta para que Pedro se convirtiera. Jesús fija su mirada sobre Pedro, como la había fijado sobre el joven rico (Mc 10, 21). Mirada de amor. «*Jesu labantes respice / Et nos videndo corrige / Si respicis*

---

4 MAESTRO ECKHART, *Discurso del discernimineto*, 12.

lapsus cadunt (Jesús, mira a los que caen y, mirándonos, levántanos. Cuando tú miras, las faltas caen)»[5]. Entonces Pedro «lloró amargamente» (Lc 22, 62). Lágrimas de vergüenza y de dolor, sin duda, pero más bien lágrimas de alegría, porque ahora ha comprendido hasta donde llega el amor de Dios. Ha obtenido la clara respuesta a su pregunta: «Señor, si mi hermano me ofende, ¿cuántas veces tengo que perdonarlo? ¿Hasta siete veces?» (Mt 28, 21).

Volvemos a encontrar a Pedro, transformado, junto al lago. La experiencia dolorosa pero saludable de la negación le ha llevado a un progreso decisivo. Era necesario este tratamiento de choque, comparable a lo que Dios ya había realizado repetidamente por su pueblo. Así gime Efraín:

> «Me has tratado con dureza como a un novillo sin domar, pero he aprendido la lección. Hazme volver y volveré, pues tú eres mi Dios, Señor. Me alejé y después me arrepentí; lo entendí y me di golpes de pecho. Estaba avergonzado y sonrojado al tener que soportar la vergüenza de lo que hice en plena juventud»[6].

Pedro ha comprendido –comprendido concretamente– que sin la gracia de Cristo el hombre no puede nada, el hombre no es nada. Jesús no nos dice, al modo semipelagiano: «sin mí no llegaréis lejos»; dice, al modo agustiniano: «sin mí no podéis hacer nada»

---

5 San Ambrosio, *Himno* Aeterne rerum conditor.
6 Jer 31, 18-19.

(Jn 15, 5). Ni siquiera empezar a querer hacer el bien. Sin él, los apóstoles, habiendo bregado y lanzado la red toda la noche, «no cogieron nada» (Jn 21, 3). Pedro, habiendo hecho de este modo la experiencia de la impotencia radical del hombre sin la gracia, comprende al fin que la vida cristiana «no depende del que quiere ni del que corre, sino de Dios que se compadece»[7] (Rom 9, 16). Comprende al fin que no es él quien ha escogido a Jesús, sino que es Jesús quien le ha escogido a él desde toda la eternidad (cf. Jn 15, 16). Comprende al fin que él no tiene la iniciativa en el amor, sino que Jesús lo ha amado primero. Es más, comprende que su amor por Jesús no puede ser más que la consecuencia y el primer efecto del amor de Jesús por él, porque el amor que nosotros podemos tener por Dios ya es un don de la gracia, un signo del amor creador que Dios tiene por nosotros. No intercambiemos los papeles.

A través de sus negaciones, Pedro toma conciencia de la primacía absoluta de la gracia, y así entra en el misterio Salvador de la humildad. ¡Feliz la culpa de Pedro que le ha abierto el camino real hacia la humildad! No más desvaríos juveniles. Ahora Pedro ya sabe a qué atenerse si va por cuenta propia. «Simón, hijo de Juan, ¿me amas más que estos? » (Jn 21, 15). Dulce ironía de Jesús, que tiene el don de meter el dedo en la llaga y que recuerda discretamente a Pedro sus comparaciones indiscretas. Pero Pedro ya no se hace el héroe. Ha dejado de mirarse a sí mismo, de autoevaluarse, de juzgarse

---

7 En este versículo seguimos la traducción del Nuevo Testamento de M. Iglesias, para mayor claridad (Nota del Editor).

(cf. 1Co 4, 3). Ahora mira a Jesús y se somete solamente al juicio de Jesús: «Señor, tú conoces todo, tú sabes que te quiero» (Jn 21, 17). Sobre la roca de esta humildad inquebrantable, Jesús puede al fin construir su Iglesia. Pedro ya está preparado: ha aprendido a extender los brazos. «Hay que experimentar la propia nada, pobreza, nulidad, la propia impotencia absoluta, cuando queremos trabajar en serio en la obra de Dios»[8].

La humildad de Pedro es ahora el reflejo de la humildad fundamental de Jesucristo mismo. «El cual, siendo de condición divina», él, que es Dios en persona, a quien corresponde por derecho el primer lugar, «no retuvo ávidamente el ser igual a Dios» (Flp 2, 6). Se ha puesto en el último lugar (Lc 14, 9). Él, el Maestro de la Ley, se ha sometido a las exigencias más puntillosas de la Ley de Moisés; Él, Rey de Reyes, se ha sometido a María y a José (Lc 2, 51); Él, el Santo, el inocente, se ha puesto en la fila de los pecadores a la orilla del Jordán. Y «se humilló a sí mismo, hecho obediente hasta la muerte, y una muerte de cruz. Por eso Dios lo exaltó sobre todo» (Flp 2, 8-9). «Amigo, le dice entonces el Padre, sube más arriba» (Lc 14, 10). Según la hermosa formulación de San Agustín, el Verbo, especialmente en su Pasión, se ha hecho *Doctor humilitatis*, profesor de humildad, doctorado en humildad[9]. «Aprended de mí, que soy manso y humilde de Corazón» (Mt 11, 29).

---

8 M.-E. Vayssieère, en M.-D. POINSENET, *Croire et vivre, Itinéraire spirituel de M.-E. Vayssière*, París, 1974, p. 22).
9 SAN AGUSTÍN, *Homilías sobre el Evangelio de san Juan*, tract. XXV, 18).

Con esto Jesús cumple su misión de Salvador, ya que el obstáculo número uno para nuestra salvación es el orgullo. En efecto, «la desgracia del orgulloso no tiene remedio, pues la planta del mal ha echado en él sus raíces» (Eclo 3, 28). Luego Jesús ha venido principalmente a desarraigar el orgullo.

Y es que el orgulloso no tiene nada que ver con el vanidoso, aunque los confundamos con frecuencia. El vanidoso es el pobre tipo que no tiene ninguna confianza en sí mismo, y para quien la natural necesidad de ser amado, reconocido, apreciado, toma unas proporciones enfermizas. Hasta el punto en que todo es bueno para satisfacerla, incluso y sobre todo las apariencias: los honores, las condecoraciones, los halagos, incluso los más inverosímiles... En cambio, el orgulloso es de otra pasta. No necesita de la mirada admiradora de otros para existir: la suya le basta y le sobra. Él sabe que es mucho mejor que los otros. Éste es su elixir, su placer sutil y secreto.

El orgullo, explica Santo Tomás[10], es el amor desordenado de la propia excelencia, es decir, el amor de aquello que nos distingue y nos pone por encima de los demás. Ordinariamente el orgulloso no carece de cualidades reales. Para ser orgulloso hay que tener los medios. Sólo que estas cualidades no las ama porque sean bellas, buenas y útiles. Las ama porque son suyas. Las ama en tanto que alimentan su embriagante sensación de superioridad. En esto se parece al dueño de una

---

10 *STh.*, IIa-IIae, q. 162.

obra maestra que se encierra a cal y canto para contemplar su posesión. Lo que ama no es tanto la belleza del cuadro como el hecho de ser el único que lo disfruta (con lo que se arruina el auténtico placer, porque la belleza es por sí un universal que crea comunión). Luego el orgullo es el amor de un bien privado (*bonum privatum*) en desprecio del bien común (*bonum commune*), con la consecuencia (no prevista por el orgulloso) de que nos «priva» también del bien de los demás, mientras que el amor al bien común hace a cada uno rico poseedor del bien de todos.

Mirad a Lucifer. En el orden de la creación es el más bello de los ángeles. Dios lo llama a recibir en la fe la gracia de la divinización, la perfecta bienaventuranza. Lucifer no ignora el valor objetivo de la oferta divina. Pero esta felicidad sobrenatural se le ofrece bajo ciertas condiciones (intrínsecas, no arbitrarias) que hacen que al final la rechace. *Primo*, no puede obtenerse como un derecho, a modo de exigencia de la naturaleza, sino que debe ser recibida como un don. No se atrapa como una presa. Hay que tender y abrir la mano. *Secundo*, esta felicidad es propuesta a todos y relativiza las desigualdades naturales. En el orden de la gracia, una simple muchacha de Nazaret puede sobrepasar a todas las jerarquías angélicas. Pero Lucifer estima estas condiciones como humillantes y escoge seguir disfrutando de su perfección natural, en la medida en que, *primo*, ésta le distingue de los demás y, *secundo*, le pertenece por derecho de naturaleza, como si él fuera el dueño. Quiere ser como Dios, en el sentido de que no quiere tener otro fin que él mismo. Se echa atrás ante la tragedia que vive todo niño que aprueba 6° y pasa de ser el «capo» de la escuela primaria al instituto, donde es el menor de los alumnos. Prefiere mantenerse el primero en un orden inferior que convertirse en uno más entre los de un orden superior.

El pecado original del ángel pone en evidencia la naturaleza profunda del orgullo, como voluntad de conducir uno mismo la propia vida. En efecto, el ángel prefirió ceñirse a aquello que él cree dominar, más que abrirse a la llamada divina, a «remar mar adentro» (Lc 5, 4), es decir, prefirió renunciar a su destino antes que recibir de otro, de Dios, el sentido y la plenitud.

Por eso hay algo de demoníaco en el «naturalismo» que promueve una plenitud del hombre en el plano meramente humano, hasta el punto de hacer una virtud –modestia, dicen– del rechazo a la llamada de lo sobrenatural. Surge entonces una cultura fundamentalmente arreligiosa, en la que el hombre, cortando deliberadamente de raíz toda aspiración hacia la trascendencia, considerada peligrosa, decide cuidar su jardín, hacerse dueño y señor de la naturaleza y único amo de su propio destino personal y comunitario.

En un orden completamente diferente, también hay algo de demoníaco en la tentación que acecha a los cristianos de detenerse en una fase determinada de su itinerario espiritual. Sin duda, esta actitud debe mucho al reflejo vital por el que buscamos proteger de la desquiciante novedad unos equilibrios psicológicos penosamente adquiridos. Nace más de los lastres de la naturaleza (y de la edad) que de un movimiento espiritual de orgullo. Pero no puede excluirse la presencia sutil del orgullo en el rechazo a dejar los caminos señalizados para seguir las llamadas de la gracia que nos introduce a veces por rutas bien oscuras. Es sabido que, antes que el desierto y el maná, ¡preferimos Egipto con sus pepinos y cebollas! (Cf. Num 11, 5).

Está claro que como cristianos hemos declarado una guerra sin cuartel al orgullo. En esta perspectiva, he aquí dos remedios contra el orgullo..., y, de premio, dos consejos prácticos.

«La humildad es andar en verdad», decía santa Teresa de Jesús[11]. El primer remedio al orgullo está en el amor a la verdad. En el firme propósito de ver las cosas como son, según su valor objetivo. Para ello hay que reconocer el bien allí donde esté –en mi prójimo como en mí mismo– y amarlo por sí. El valor, la inteligencia, la bondad, no son menos dignos de admiración porque sean de otros. Además, la incapacidad de gozar de la presencia del bien en los demás, que conlleva la tendencia al menosprecio o la burla, es el síntoma infalible de que el mal del orgullo está avanzado. A continuación hay que reconocer que todo lo que hay de bueno, tanto en mí como en mis hermanos, es en último término obra de Dios, que es el único Bueno, y sacar las consecuencias: «¿Tienes algo que no hayas recibido? Y, si lo has recibido, ¿a qué tanto orgullo?» (1Co 4, 7). Y

---

11 Santa Teresa de Jesús, *Castillo interior*, Sextas moradas.

194

san Juan Bautista muestra el fundamento de su sólida humildad cuando declara: «Nadie puede tomarse algo para sí si no se lo dan desde el cielo» (Jn 3, 27). Es claro, inequívoco e indiscutible.

El segundo remedio para el orgullo es el servicio, que se opone a la promoción personal. Poner las propias cualidades «en común», usarlas para servir al bien común, es un modo muy concreto de reconocer, *primo*, que no son de mi propiedad, sino que vienen de fuera de mí y yo sólo soy su administrador; y, *secundo*, que los demás existen y que tienen un valor, que es lo contrario del desprecio. El Señor no me pide tirar mis riquezas por la ventana, ni dejar mis cualidades en barbecho bajo el pretexto de que podrían convertirse en ocasión de enorgullecerme. Me pide que las entregue a los pobres, que las ponga a su servicio (cf. Lc 18, 22).

Aparte de estos dos remedios generales contra el orgullo, aquí van dos consignas más prácticas. La primera: «¡Ceded!». Quiero decir: «Olvidad, soltad lastre de vuestras pequeñas ideas o preferencias personales». Al menos cuando no está en juego nada esencial, y, honestamente, casi siempre es así: aunque nuestra tendencia espontánea sea hacer como si nuestros pequeños problemas de sacristía afectaran directamente a los primeros principios de la metafísica. Sea Fulano de Tal que está conduciendo y, a su derecha, la señora de Tal que sostiene el mapa. ¡Esto era antes del GPS! Sea ahora un cruce con dos itinerarios posibles, por la derecha o por la izquierda, que llegan al mismo lugar. La señora de Tal sugiere, más bien de modo intuitivo, el camino de la derecha. Fulano es inmediatamente presa de una Pasión tan inesperada como compulsiva por el camino de la izquierda. ¿Por qué? ¿Porque el camino de la izquierda es objetivamente mejor y hará ganar uno o dos minutos? No, claro, sino porque es su idea. Y es suya precisamente porque no es de su mujer. La verdad no tiene nada que ver con todo esto: lo que queremos es tener la razón, ¡hacer prevalecer nuestra propia opinión! Pues bien, si Fulano quisiera escuchar al autor de estas líneas respondería con voz afable: «Muy bien, querida amiga, como desees, tomemos pues por la derecha». Habría hecho un bello acto de humildad, discreto, eficaz, que bien vale el minuto que quizás podría haber ganado girando a la izquierda.

Segunda consigna. Muy simple, muy eficaz y... muy mortificante: hacer como todo el mundo. «El octavo grado de humildad es que el monje no haga nada que no sea conforme a la regla común del monasterio o aconsejada por la tradición de los mayores»[12]. Evitar, cuando no está en juego nada esencial, singularizarse. Es radical. Dejo de lado los casos patológicos, que no son casos morales: en cada monasterio hay algún que otro «original» afligido por una incapacidad congénita para hacer lo que todos y que lo justifica siempre con las mejores razones del mundo. Pero el orgulloso no desea más que una cosa: distinguirse. «Yo no soy como los demás hombres» (Lc 18, 11), ésta es la profesión de fe del fariseo de la parábola. Lo que sea, excepto ser

---

12 San Benito, *Regla*, cap. 7.

como los demás, porque se sobreentiende que, por definición, los otros son tontos. La experiencia nos enseña que el orgullo puede alojarse en cualquier parte. A lo mejor hay en nosotros un publicano que se dice: «Yo, al menos, no soy como ese fariseo que se cree distinto a los demás...». El orgullo se incrusta tanto en los lugares más peligrosos como en los más ridículos. No sólo en las opiniones personales a las que nos aferramos vigorosamente –es el rincón favorito del orgullo–, también en el modo de andar, de expresarse, de vestirse (incluso, y sobre todo cuando se lleva uniforme), hasta de rezar.

«–Yo, dice Fulano, en misa nunca comulgo sin antes hacer tres volteretas en honor a la santísima Trinidad y dos postraciones en honor a las dos naturalezas de Cristo».

Y si le objetamos que es bastante llamativo, responderá que para nada, que ha descubierto un rito similar en un misal siro-malabar apócrifo del siglo IV.

«–Muy bien, amigo, pero aquí no estás con los siro-malabares del siglo IV. Estás con tus hermanos de rito latino del sigo XXI».

De hecho, es muy probable que entre los siro-malabares del siglo IV nuestro original habría encontrado otro medio, también totalmente objetivo, de llamar la atención y distinguirse de lo común.

Contra esta enfermedad de la singularidad, existe un remedio drástico: la vida común en la caridad. Anteponer sistemáticamente lo que es común a lo que es propio, lo que asemeja a lo que distingue. Vivir, no como un electrón libre, sino como una parte de un todo que es más grande que yo. Sea mi familia, mi comunidad religiosa o un club de petanca. Se trata de luchar vigorosamente contra todo espíritu de partido y contra la seducción del «cisma», el cisma que consiste en el fondo en el rechazo a actuar como parte de un todo, que es la comunión de la Iglesia.

Hay que aceptar la realidad. Pero en la realidad el que está en el centro es Dios, y no yo. Y yo, si acojo el don de Dios, si lo pongo al servicio de la comunidad, sin desviarlo para mi promoción personal, estaré verdaderamente en mi lugar y ahí conoceré la alegría del buen servidor. Esta fue la alegría de san Pedro cuando al fin se deja ceñir la cintura.

13. *STABAT MATER*. LA COMPASIÓN DE LA VIRGEN

La Cruz es el árbol de la vida. El principal fruto que produce este árbol es la gracia que se nos ofrece de asociarnos a la Pasión redentora de Cristo. Siendo nosotros radicalmente incapaces de vivir hasta el fin nuestra vocación al amor, incapaces de dar nuestra vida por Cristo y por nuestros hermanos –Pedro lo experimentó amargamente–, la gracia que nace de la Cruz nos capacita para asociarnos con nuestros propios actos a la ofrenda suprema que Jesucristo hace de su propia vida por la salvación del mundo. Ahora puedo «completar en mi carne lo que falta a los padecimientos de Cristo en favor de su cuerpo que es la Iglesia» (Col 1, 24). A lo largo de toda esta meditación sobre la Pasión he insistido en la necesidad y en el valor de esta «compasión». Y su más plena realización, a la vez única y ejemplar, se da en la persona de la Virgen María, figura de la Iglesia santificada por la sangre de Cristo y que se ofrece con Él.

MATER DOLOROSA

«Junto a la cruz de Jesús estaban su madre, la hermana de su madre, María, la de Cleofás, y María, la Magdalena» (Jn 19, 25).

«Junto a la cruz». Pedro «seguía de lejos» (Lc 22, 54) y es por culpa de esta distancia que pudo separarse de Jesús. María, en cambio, está bien cerca. Cercanía espiritual tanto como física. La que se había hecho tan discreta en los momentos luminosos del ministerio público de su Hijo vuelve al primer plano. La hora de la mujer, la hora de la madre, sacramento de la ternura de Dios, es ante todo el momento en que se manifiestan la extrema precariedad y la fragilidad de la existencia humana: el nacimiento, la infancia, el sufrimiento, la muerte. Como la madre heroica de los siete hermanos mártires (cf. 2Mac 7), María está ahí para animar y sostener con su fe y su presencia amorosa a Aquel que libra, solo, entre el cielo y la tierra, el gran combate de la vida y de la muerte.

Stabat mater dolorosa. María compadece. Sufre con Jesús. ¿Cuál el motivo del dolor que traspasa el corazón de María? Se trata, por supuesto, del dolor de una madre que ve morir a su hijo, su hijo único. Cruel inversión del orden natural según el que se suceden las generaciones. Al pie de la Cruz María recapitula en sí el dolor de todas esas mujeres, a menudo viudas, que han sido golpeadas, heridas en el centro de su corazón por la muerte de sus hijos: la viuda de Sarepta (1Re 17), la sunamita (2Re 4), la viuda silenciosa de Naím, cuya tristeza conmueve a Jesús (Lc 7, 11-15)... Es el «llanto amargo», el lamento ininterrumpido de «Raquel que llora por sus hijos y rehúsa el consuelo, porque ya no viven» (Jer 31, 15; Mt 2, 18).

«Contemplando esta Madre, a la que «una espada ha atravesado el corazón» (cf. Lc 2, 35), el pensamiento se dirige a todas las mujeres que sufren en el mundo, tanto física como moralmente. En este sufrimiento desempeña también un papel particular la sensibilidad propia de la mujer, aunque a menudo ella sabe soportar el sufrimiento mejor que el hombre. Es difícil enumerar y llamar por su nombre cada uno de estos sufrimientos. Baste recordar la solicitud materna por los hijos, especialmente cuando están enfermos o van por mal camino, la muerte de sus seres queridos, la soledad de las madres olvidadas por los hijos adultos, la de las viudas, los sufrimientos de las mujeres que luchan solas para sobrevivir y los de las mujeres que son víctimas de injusticias o de explotación. Finalmente están los sufrimientos de la conciencia a causa del pecado que ha herido la dignidad humana o materna de la mujer; son heridas de la conciencia que difícilmente cicatrizan. También con estos sufrimientos es necesario ponerse junto a la cruz de Cristo»[1].

A la tierna devoción de la Baja Edad Media le gustaba centrarse en la *«pietà»*, es decir, la Virgen María recibiendo en su seno el cuerpo exánime de Jesús, bajado de la cruz. El contraste es llamativo. A aquel que en Belén ella trajo al mundo, envolvió en pañales y acostó en un pesebre (Lc 2, 7), ahora lo recibe sin vida, destinado a ser «envuelto en vendas» (Jn 19, 40), cubierto con un sudario y colocado en el sepulcro. La mirra que en un día los Magos habían ofrecido al niño lleno

---

1 San Juan Pablo II, *Carta Apostólica* Mulieris dignitatem, n. 19.

de promesas (Mt 2, 11), Nicodemo la emplea hoy para embalsamar su cuerpo (Jn 19, 39-40).

Junto a la Cruz María sufre porque de algún modo es su propia carne, la carne formada en sus purísimas entrañas, la que es desgarrada y torturada. Pero la maternidad, en el plano humano, no es una simple cuestión de biología. El vínculo carnal se completa en un vínculo moral, espiritual, un vínculo de amor. Ser madre, en el sentido integral, pleno, del término, es una realidad inseparablemente carnal y espiritual. Ser madre es acoger un niño en la propia carne, pero también es, a la vez, acogerlo en el corazón y en la propia vida. El vínculo de amor entre la madre y el hijo es lo que explica que los sufrimientos del hijo resuenen en el corazón de la madre. La lanza no puede tocar al hijo sin traspasar con el mismo golpe el corazón de la madre. «El dolor del Hijo fue una espada afilada que atravesó el corazón de la Madre, en tanto que este corazón estaba adherido, conectado y unido a su Hijo con una unión tan perfecta que nada podía herir a uno sin hacer sufrir igual de vivamente al otro»[2].

Pero la maternidad de María, maternidad plenamente humana, también es una maternidad divina, ya que la *Theotokos* ha concebido y dado a luz un hombre que es Dios en persona, Dios Hijo. Por esta razón, para que la Virgen María estuviera verdaderamente a la altura de

---

2 SAN FRANCISCO DE SALES, *Tratado del Amor de Dios*, l. 7, cap. 13. (Creo que la referencia está mal en el original, pero no he sido capaz de encontrarla).

esta vocación única de Madre del Hijo de Dios, era necesario que, por su fe y su caridad, colaborara con todo su ser en los designios divinos que se desarrollan en la Encarnación redentora. Su maternidad no se acaba al traer al mundo a un hombre que, más adelante, consumaría la redención de los hombres; sino que implica una participación única en la obra del Redentor. María es verdaderamente la Madre del Redentor.

Por lo tanto no podemos quedarnos en una aproximación demasiado emocional y puramente sentimental de la compasión de María, olvidando la dimensión teológica de esta compasión. Jesús mismo, cuando se encuentra con las mujeres de Jerusalén en la *via dolorosa*, les invita a sobrepasar una mirada que se queda en el drama humano para alcanzar en la fe el sentido profundo de los acontecimientos, el inicio de las pruebas escatológicas:

> «Unas mujeres se golpeaban el pecho y lanzaban lamentos por él. Jesús se volvió hacia ellas y les dijo: "Hijas de Jerusalén, no lloréis por mí, llorad por vosotras y por vuestros hijos, porque mirad que vienen días en los que dirán: ¡Bienaventuradas las estériles y los vientres que no han dado a luz y los pechos que no han criado! Entonces empezarán a decirles a los montes: ¡caed sobre nosotros!, y a las colinas: ¡cubridnos!; porque, si esto hacen con el leño verde [= el Justo], ¿qué harán con el seco [= los pecadores]?"»[3].

---

3 Lc 23, 27-31.

El sufrimiento de María, como el de Jesús en Getsemaní, nace sobre todo de su espíritu de fe, que le hace percibir lo que verdaderamente está en juego en la Pasión. Su tristeza más profunda es causada por el pecado de los hombres. Sufre de un modo muy especial por el rechazo del Mesías por parte del Pueblo santo. Jerusalén no ha acogido «el año de gracia del Señor» (Lc 4, 19). Misterio de incomprensión y de iniquidad que ya había hecho llorar de tristeza a Jesús: «Al acercarse y ver la ciudad, lloró sobre ella, mientras decía: «¡Si reconocieras tú también en este día lo que conduce a la paz! Pero ahora está escondido a tus ojos. [...] No reconociste el tiempo de su visita» (Lc 19, 41-44). Ante el mismo misterio, San Pablo reconoce: «siento una gran tristeza y un dolor incesante en mi corazón; pues desearía ser yo mismo un proscrito, alejado de Cristo, por el bien de mis hermanos, los de mi raza según la carne» (Rm 9, 2-3). ¿Cómo podría María, que con todas las fibras de su ser pertenece al pueblo de la Alianza, no haber sido afectada por su «caída» (Rm 11, 12)? De hecho, al pie de la Cruz, ella realiza la figura de la «hija de Sión». En los profetas esta hija de Sión designa a la misma ciudad de Jerusalén en una especie de personalización. En el momento de la caída de la ciudad y del exilio se lamenta por la pérdida de sus hijos e intercede por ellos.

«Sus corazones claman al Señor. Muralla de la hija de Sión, ¡derrama como un torrente tus lágrimas día y noche; no te des tregua, no descansen tus ojos! Levántate, grita en la noche, al relevo de la guardia; derrama como agua tu corazón en presencia del Señor; levanta tus manos hacia él por la vida de tus niños»[4].

Pero con las perspectivas de retorno del exilio, es la hija de Sión recibe la promesa de una fecundidad insospechada, inesperada:

> «Sin estar de parto ha dado a luz, no le habían llegado los dolores y ha tenido un varón. ¿Quién escuchó o ha visto cosa semejante?¿Se puede parir un país en un solo día, se da a luz a todo un pueblo de una vez? Apenas sintió los espasmos, Sión dio a luz a sus hijos»[5].

Por eso no sorprende que la liturgia de la Iglesia nos invite a contemplar la compasión fecunda de María a través de los textos –especialmente las *Lamentaciones* de Jeremías– que evocan el sufrimiento y la «entrega» de la hija de Sión. Igual que la hija de Sión ha presenciado la destrucción de lo que era más precioso a los ojos de Israel: la Ciudad Santa y el Templo, la Virgen María ha visto con sus ojos la destrucción del Templo verdadero, el Cuerpo de Cristo. Ella puede requerir a cualquier hombre: «Vosotros, los que pasáis por el camino, mirad y ved si hay dolor como el dolor que me atormenta, con el que el Señor me afligió el día de su ardiente ira» (Lam 1, 12).

Hija de Sión y madre del Mesías, María sufre de un modo muy especial por la división que la persona de su Hijo provoca dentro de su propia familia y, más

---

4 Lam 2, 18-19.
5 Is 66, 7-8.

ampliamente, del Pueblo elegido: «No he venido a sembrar paz sino espada. He venido a enemistar al hombre con su padre, a la hija con su madre, a la nuera con su suegra; los enemigos de cada uno serán los de su propia casa» (Mt 10, 34-36). Esta espada cumple la profecía de Simeón: «Este ha sido puesto para que muchos en Israel caigan y se levanten; y será como un signo de contradicción –y a ti misma una espada te traspasará el alma–, para que se pongan de manifiesto los pensamientos de muchos corazones» (Lc 2, 34-35).

Así pues, la compasión de María tiene su fuente y sus motivos más decisivos en la fe. Pero es que la misma fe es para ella una fuente de tormento: María se enfrenta cara a cara al escándalo del Mesías sufriente que ha sido ocasión de caída para más de uno. Está claro que, desde el Nacimiento, María ha visto a su hijo rechazado por aquellos para los que Él venía: «no había sitio para ellos en la posada» (Lc 2, 7). «Vino a su casa, y los suyos no lo recibieron» (Jn 1, 11). Después tuvo que huir con él a Egipto. Pero la prueba de la fe para María alcanza su punto culminante, su paroxismo, en el Calvario. Allí ve con sus propios ojos exactamente lo contrario a las promesas del ángel en el momento de la Anunciación. «Será grande...» (Lc 1, 32), y ahí está «despreciado y evitado de los hombres, [...]. Despreciado y desestimado» (Is 53, 3). «El Señor Dios le dará el trono de David, su padre...» (Lc 1, 32), y allí está colgando del patíbulo, maldito entre los criminales. «Su reino no tendrá fin...» (Lc 1, 33), y María recibe en sus brazos a Jesús: «ya me cuentan con los que bajan a la fosa, soy como un inválido. Camino entre los muertos, como los caídos que yacen en el sepulcro, de los cuales ya no guardas memoria porque fueron arrancados de tu mano» (Sal 88, 5-6).

«Y he aquí que, estando junto a la Cruz, María es testigo, humanamente hablando, de un completo desmentido de estas palabras. Su Hijo agoniza sobre aquel madero como un condenado [...] ¡Cuán grande, cuán heroica en esos momentos la obediencia de la fe demostrada por María ante los "insondables designios" de Dios! ¡Cómo se "abandona en Dios" sin reservas, "prestando el homenaje del entendimiento y de la voluntad" a aquel cuyos "caminos son inescrutables"!»[6].

En el momento en que la fe de los discípulos vacila toda la fe de la Iglesia confluye y se concentra en el corazón de María. Es la única que conserva, más profundamente que el dolor y que la noche que abruman el ámbito de su conciencia, la paz que nace de la fe y la certeza sobrenatural de que, a través de los sufrimientos y del fracaso de su hijo, el designio de Dios se cumple.

MARÍA, NUEVA EVA

«Jesús, al ver a su madre y junto a ella al discípulo al que amaba, dijo a su madre: "Mujer, ahí tienes a tu hijo". Luego dijo al discípulo: "Ahí tienes a tu madre". Y desde aquella hora, el discípulo la recibió como algo propio» (Jn 19, 26-27).

---

6 San Juan Pablo II, *Encíclica* Redemptoris Mater, n. 18.

Estas palabras tan breves de Jesús en la Cruz atestiguan sin duda la solicitud de un hijo único por su
madre, condenada a quedarse sola tras su muerte. Pero
hay mucho más. El simple hecho de que Jesús se dirija
a María llamándola «mujer» ya sugiere un sentido más
profundo. Sin duda esta manera de dirigirse a una persona de sexo femenino no es rara en el Evangelio de san
Juan. Jesús llama así a la samaritana (Jn 4, 21), a la mujer adúltera (Jn 8, 10), e incluso a María Magdalena (Jn
20, 15). Por el contrario, este apelativo puede parecer
más sorprendente en la boca de un hijo que se dirige a
su madre. Sin embargo Jesús ya lo había utilizado con
ocasión de las Bodas de Caná (Jn 2, 4), en una escena
que evocaba por anticipación su «hora», es decir, la Pasión, las bodas de sangre entre el Esposo y la Iglesia.

En este contexto el apelativo «mujer» toma un sentido más profundo. Sugiere un paralelismo entre María
y Eva, la primera «mujer». Igual que Jesús es el nuevo
Adán (1Co 15, 45), María es la nueva Eva. Éste es el germen que contiene toda la doctrina mariana de la Iglesia:

> «Piensan los Santos Padres que María no fue un ins-
> trumento puramente pasivo en las manos de Dios, sino
> que cooperó a la salvación de los hombres con fe y obe-
> diencia libres. Como dice San Ireneo: "obedeciendo, se
> convirtió en causa de salvación para sí misma y para
> todo el género humano". Por eso no pocos Padres an-
> tiguos afirman gustosamente con él en su predicación
> que: "el nudo de la desobediencia de Eva fue desatado
> por la obediencia de María; que lo atado por la virgen
> Eva con su incredulidad fue desatado por la Virgen

María mediante su fe"; y comparándola con Eva llaman a María "Madre de los vivientes", afirmando aún
con mayor frecuencia que: "la muerte vino por Eva, la
vida por María"»[7].

Como «nueva Eva», María aparece, por un lado,
como la *socia* de Cristo, su compañera, su asociada, su
esposa; y por otro, como la madre de los vivientes.

María es *socia Christi*. Eva fue puesta por Dios al
lado de Adán para ser su ayuda y compañía. Junto al
árbol, Eva se derrumba, fracasa en su misión, igual que
Adán en la suya. Su solidaridad para el bien se ha convertido en complicidad en el mal. En cambio María está
de pie junto al árbol de la Cruz. *Stabat*. Está «de pie»,
ciertamente no en la actitud impasible y pretenciosa
del estoico, sino porque su dolor, por intenso que sea,
mantiene una soberana dignidad. *Stabat*. María está de
pie, en la actitud del sacerdote que oficia, que ofrece el
sacrificio. María ofrece al Padre el único sacrificio que
le es agradable, el sacrificio de Jesús, y esto es tan cierto
que nosotros nunca podremos ofrecer a Dios más que
lo que Él mismo nos ha entregado, como lo recuerda el
Canon Romano: «te ofrecemos, Dios de gloria y ma-
jestad, de los mismos bienes que nos has dado (*de tuis
donis ac datis*), el sacrificio puro, inmaculado y santo».

Sin embargo, el modo en que la Virgen María se
asocia al sacrificio de Cristo es absolutamente único.
«Cooperó en forma enteramente sin par a la obra del

---

7 Concilio Vaticano II, *Constitución Lumen Gentium*, n. 56.

Salvador con la obediencia, la fe, la esperanza y la ardiente caridad con el fin de restaurar la vida sobrenatural de las almas. Por eso es nuestra Madre en el orden de la gracia»[8]. En lo que respecta a nosotros, la gracia que Jesucristo nos ha alcanzado en el Calvario ha desenterrado en nuestros corazones la fuente del amor, y ahora somos capaces de «presentar nuestros cuerpos como sacrificio vivo, santo, agradable a Dios» (Rom 12, 1). Este culto espiritual es muy valioso a los ojos de Dios. Da fuerza a nuestra oración de intercesión y nos hace colaboradores de la salvación de nuestros hermanos. Participamos realmente en la comunicación de las gracias que Jesús ha adquirido en el Calvario. Cooperamos, no en el acto redentor mismo, completado por Cristo «de una vez para siempre» (Heb 7, 27), sino en la aplicación o dispensación de los frutos de la Redención.

En cambio, la Virgen María ha sido asociada al acto redentor mismo. De hecho, tuvo que consentir personalmente en el sacrificio de Jesús en la Cruz. Actualizando el ofrecimiento aceptado ya desde la presentación de Jesús en el Templo, en el Calvario María ofrece a su Hijo y se ofrece a sí misma con Él:

«Dios, igual que no quiso que su Verbo divino se hiciera hombre de ella sin que ella primero lo aceptase con expreso conocimiento, así no quiso que Jesús sacrificase su vida por la salvación de los hombres sin que concurriese también el consentimiento de María para que con

---

8   Íbid., n. 61.

el sacrificio de la vida del Hijo se sacrificara también el corazón de la Madre»[9].

Seamos claros, la parte que María toma en la redención del género humano no se sitúa en el mismo plano que la acción de Jesús. Por eso el término de «co-redentora» pide ser explicado, ya que podría ser equívoco si sugiriera, ni que fuera un poco, un reparto de tareas. «Jamás podrá compararse criatura alguna con el Verbo encarnado y Redentor»[10]. La Virgen María no ha realizado una parte de la redención (ni la mitad ni la milésima) como si su acción debiera unirse a la acción de Jesús para que el acto redentor estuviera completo. Es absolutamente imposible. Jesucristo es el único y perfecto Redentor y María es redimida por la Cruz de Jesucristo.

Sin embargo, ella es «la primera de los redimidos» y ha sido redimida de una manera absolutamente singular, ya que, por la gracia de la Concepción Inmaculada, ha sido preservada del pecado original en previsión de los méritos de Jesucristo. Esta gracia estaba dirigida a su misión única: ser la Madre de Dios. Pero, como hemos dicho, esta maternidad divina se extiende a toda la misión de Jesucristo, que culmina en la obra de la Redención. Por lo tanto, María está asociada a la Redención en virtud de su maternidad divina. Nueva Eva, realiza de este modo la promesa hecha por Dios mismo

---

9 SAN ALFONSO MARÍA DE LIGORIO, *Las glorias de María*, Sexto discurso.
10 CONCILIO VATICANO II, *Constitución Lumen Gentium*, n. 62.

dirigiéndose a Satanás bajo la figura de la serpiente: «pongo hostilidad entre ti y la mujer, entre tu descendencia y su descendencia; ésta te aplastará la cabeza cuando tú la hieras en el talón» (Gen 3, 15). En unión al sacrificio de Cristo y en total dependencia de él, María merece y satisface por nosotros, contribuyendo así a redimir con Cristo los pecados de la multitud. Como lo explica un teólogo, «el sufrimiento de Cristo redime en primer lugar a la Virgen, en el sentido de que ella obtiene su creación fuera de la solidaridad con el pecado humano [...]; y después asocia a sí el sufrimiento y los méritos de la Virgen para redimir con ella a todo el género humano pecador»[11]. San Juan Pablo II expresó con fuerza este carácter único de la participación de María en la Redención completada por el único Mediador:

> «El término "cooperadora" aplicado a María cobra, sin embargo, un significado específico. La cooperación de los cristianos en la salvación se realiza después del acontecimiento del Calvario, cuyos frutos se comprometen a difundir mediante la oración y el sacrificio. Por el contrario, la participación de María se realizó durante el acontecimiento mismo y en calidad de madre; por tanto, se extiende a la totalidad de la obra salvífica de Cristo. Solamente ella fue asociada de ese modo al sacrificio redentor, que mereció la salvación de todos los hombres.

---

11 M.-J. NICOLAS, *La doctrina de la Corredención en el esquema de la doctrina tomista de la Redención*, en *Revue thomiste*, 47 [1947], p. 20-44 [p. 24].

En unión con Cristo y subordinada a él, cooperó para obtener la gracia de la salvación a toda la humanidad»[12].

Nueva Eva, María es *socia Christi*, Esposa de Cristo, pero también es, por la misma lógica de esta unión con Cristo, la «madre de todos los que viven» (Gen 3, 20), es decir, de aquellos que viven la vida de Cristo. La compasión de María es fecunda. Efectivamente, habiendo cooperado de un modo singular en el acto redentor, María participa también de un modo singular en la dispensación a los hombres de los frutos de la Redención. Igual que ha sido asociada de un modo único a la Cruz en el orden de la mediación ascendente, ella es, en dependencia de Cristo, la mediadora de *toda* gracia en el orden de la mediación descendente. «La cooperación de María participa, por su carácter subordinado, de la universalidad de la mediación del Redentor, único mediador»[13]. Cuando Santiago y Juan piden «sentarnos en tu gloria uno a tu derecha y otro a tu izquierda» Jesús responde: «¿Podéis beber el cáliz que yo he de beber o bautizaros con el bautismo con que yo me voy a bautizar?» (Mc 10, 37-38). De este modo subraya el vínculo fundamental entre la participación en la Pasión y la participación en la realeza de Cristo. Consecuentemente aquella que se mantuvo al pie de la Cruz es también la reina que ahora se sienta a la derecha de su Hijo glorificado, intercede por todos y dispensa las gracias así obtenidas.

---

12 SAN JUAN PABLO II, *Catequesis del 9 de abril de 1997*, n. 2.
13 ÍD., *Encíclica Redemptoris Mater*, n. 40.

Las palabras de Jesús en la cruz –«ahí tienes a tu hijo»– que designan al discípulo amado, y en él a todos los cristianos, como hijos espirituales de María, atestiguan esta fecundidad maternal de la compasión. Aquella que, con el milagro de su alumbramiento virginal no había conocido los dolores de parto al dar a luz a Jesús, los sufre en el Calvario. Allí, según Ruperto de Deutz (+ 1129), participa de algún modo por sus dolores en el nacimiento de Cristo al estado de Gloria:

«Esta mujer no tuvo que sufrir la pena de dar a luz en el dolor, como las otras madres, cuando le nació un hijo; pero ahora ella sufre, está apenada y triste, porque le ha llegado su hora, esta hora para la cual Dios se hizo hombre en su seno. Cuando esta hora haya pasado, cuando la espada haya atravesado totalmente su alma parturienta, entonces "ya no se acordará del dolor por la alegría de que un hombre le ha nacido al mundo" [Jn 16, 21], porque será llamado el hombre nuevo, el que renueva todo el universo; ha nacido, es decir, que se ha hecho inmortal e impasible; habiendo atravesado las angustias de esta vida, ha entrado, el primer nacido de entre los muertos, en la plenitud de la Patria eterna. Así, sufriendo aquí verdaderamente los dolores del parto en la Pasión de su Hijo único, la bienaventurada Virgen trajo al mundo nuestra salvación universal: por eso ella es Madre de todos nosotros»[14].

14 Ruperto de Deutz, *Commentaria in Evangelium sancti Ionannis*, XIII.

Allí, sobre todo, participa en el dolor en el nacimiento del cuerpo místico de su Hijo, la Iglesia. El apóstol Pablo manifiesta en su correspondencia un vivo sentimiento de su paternidad espiritual. Tenía conciencia de engendrar a los creyentes a la verdadera vida por su predicación del Evangelio: «[Hijos míos queridos] tendréis mil tutores, pero padres no tenéis muchos; por medio del Evangelio soy yo quien os ha engendrado para Cristo Jesús» (1Co 4, 15). Onésimo, dice, es «mi hijo, a quien engendré en la prisión» (Flm 10). Este nacimiento nunca se da sin sufrimientos: «Hijos míos, por quienes vuelvo a sufrir dolores de parto, hasta que Cristo se forme en vosotros» (Gal 4, 19). Y lo que se realiza en San Pablo o incluso en los «patriarcas», como San Benito o Santo Domingo, que continúan acompañando a su familia con su intercesión fundada sobre sus méritos, se realiza de modo eminente en la Virgen.

«En el momento de la Pasión, la Madre de Misericordia ayudó al Padre de las misericordias en su obra de misericordia suprema y soportó con Él el dolor de la Pasión y, compañera de Pasión, se convierte en colaboradora de la Redención y Madre de la regeneración. Por su fecundidad espiritual se convierte efectivamente en Madre espiritual de todo el género humano, convocándonos a todos a través de un parto doloroso a la vida eterna, y regenerándonos en su Hijo y por su Hijo mereció ser proclamada la "mujer"»[15].

15 [Pseudo-]Alberto Magno, *Mariale*, q. 29.

Esta maternidad en la gracia, la Virgen María la ejerce con predilección al servicio de los miembros débiles y sufrientes del Cuerpo místico de Jesús. ¿Acaso no la invocamos como salud de los enfermos (*salus infirmorum*), auxilio de los cristianos perseguidos (*auxilium christianorum), refugio de los pecadores (refugium peccatorum*)? En este cuidado de los miembros sufrientes María lleva a su más alta expresión una dimensión fundamental de la vocación de la mujer, que tiene sus raíces en el orden natural y que se expande en el orden de la gracia.

De hecho al pie de la Cruz María no está sola. Allí se reúne un pequeño rebaño fiel. Todos ellos, de un modo u otro, se han beneficiado ya de la gracia de la Redención: claramente la Virgen Inmaculada, pero también el discípulo amado y –sorprendente proximidad– María Magdalena, la pecadora de la que Jesús había expulsado siete demonios (Mc 16, 9). Vienen a ser la familia espiritual de Jesús, un germen de la Iglesia. Pero, como lo hace observar san Juan Pablo II,

> «en el momento de la prueba definitiva y decisiva para toda la misión mesiánica de Jesús de Nazaret, *a los pies de la Cruz estaban en primer lugar las mujeres.* De los apóstoles sólo Juan permaneció fiel; las mujeres eran muchas. No sólo estaba la Madre de Cristo y "la hermana de su madre, María, mujer de Cleofás, y María Magdalena" (Jn 19, 25), sino que "había allí muchas mujeres mirando desde lejos, aquellas que habían seguido a Jesús desde Galilea para servirle" (Mt 27, 55). Como podemos ver, en ésta que fue la prueba más dura de la fe y de

la fidelidad, las mujeres se mostraron más fuertes que los apóstoles; en los momentos de peligro aquellas que "aman mucho" logran vencer el miedo»[16].

Así la gracia propia de la mujer se despliega en los momentos en que se manifiesta la gran precariedad de la condición humana. Su atención a la vida frágil, a lo que germina y crece en el silencio, confiere a la mujer «aún en las situaciones más desesperadas –y la historia pasada y presente es testigo de ello– [...] una capacidad única de resistir en las adversidades, de hacer la vida todavía posible incluso en situaciones extremas, de conservar un tenaz sentido del futuro y, por último, de recordar con las lágrimas el precio de cada vida humana»[17].

Hoy, como está en la alegría del Cielo, la Virgen María ya no sufre más. Pero no por ello deja de manifestar los beneficios de su compasión para todos los que caen bajo el peso de la Cruz. Sigue siendo la Madre, atenta, como en Caná, de las necesidades de todos sus hijos, cercana en sus preocupaciones. Obtiene de su Hijo las gracias que nos permiten no sólo afrontar nuestras propias cruces, sino también hacerlas fecundas para nuestros hermanos. «Mediante el consuelo con que nosotros mismos somos consolados por Dios», María nos invita a «consolar nosotros a los demás en cualquier lucha» (2Co 1, 4). De este modo somos verdaderamente sus hijos.

---

16 San Juan Pablo II, *Carta Apostólica Mulieris dignitatem*, n. 15.
17 Congregación para la Doctrina de la Fe, *Carta sobre la colaboración del hombre y la mujer en la Iglesia y en el mundo*, n. 13.

***

Al término de esta meditación sobre el misterio de la Pasión puede que entendamos mejor la lógica y la coherencia del amor de Dios. Amor manifestado en la Pasión, amor derramado y comunicado en nuestros corazones por la Pasión. Con su vista de águila que va directamente a lo esencial, san Juan lo resume todo en pocas palabras cargadas de exigencia: «En esto consiste el amor: no en que nosotros hayamos amado a Dios, sino en que él nos amó y nos envió a su Hijo como víctima de propiciación por nuestros pecados. Queridos hermanos, si Dios nos amó de esta manera, también nosotros debemos amarnos unos a otros» (1Jn 4, 10-11).

Índice